KB236564

사람을 사람으로

사람을 사람으로

초판 1쇄 발행 | 2018년 12월 3일

지은이 | 이상훈
펴낸이 | 박상두
편집 | 이현숙, 박현지
디자인 | 여혜영
마케팅·제작 | 박홍준

펴낸곳 | 두앤북
주소 | 04554 서울시 중구 충무로 7-1, 506호
등록 | 제2018-000033호
전화 | 010-5355-3660
팩스 | 02-6488-9898
이메일 | whatiwant100@naver.com

값 | 14,000원
ISBN | 979-11-963592-3-2 03200

'영원의 땅'에서
발견한
구원의 희망

사람을
사람으로

이상훈 지음

두북앤

사람을
사람으로

이상훈 선교사의 글은 참 솔직합니다. 누군가에게 잘 보이려고 포장하지도 않고, 감동을 주기 위해 설득하지도 않습니다. 그런데 그의 글을 읽다 보면 잔잔한 감동과 여운이 전해옵니다. 지난 24년간 국제개발사업과 선교의 현장에서 직접 경험하고, 갈등하고, 고민하며 답을 찾아갔던 과정의 고통과 성장의 순간순간이 큰 울림과 깨달음으로 다가옵니다.

이 책은 한 개인이 걸어온 발자취인 동시에 한국의 국제개발사업과 선교의 역사이기도 합니다. 가난과 질병으로 고통받는 사람들 속에서 사람을 사람으로 바라보고 존중하는 태도를 간직해왔던 선교사로서, 구호와 개발 분야의 진정한 일꾼으로서 의도하지 않은 결과에도 좌절하지 않고 진정한 도움을 실천하고자 했던 삶을 투명하게 보여줍니다.

일과 삶의 성공을 추구하기보다 사람답게 사는 길을 충실하게 따라왔던 저자의 선택과 선의(善意), 무모한(?) 열정, 하나님을 향한 차가운 이성의 간절함이 독자들에게 깊은 감명을 줄 것입니다. 또한 지구촌 곳곳에서 생명의 귀함을 알고 그 가치를 지켜내기 위해 노력하는 이들에게 국제개발의 사역과 선교의 전인적이고 통합적인 관점을 제공하는 훌륭한 길라잡이가 될 것입니다.

한국국제기아대책기구 회장
유원식

어떤 경우에도
포기될 수 없는 인간의 존엄성

지난 가을, 르완다의 한 마을에서 이상훈 교수를 처음 만났습니다. 30여 년의 공직생활을 마치고 오랫동안 마음에 담아둔 시민사회 분야에서 인생의 새로운 도전을 시작한 이후 가장 많이 들었던 이름의 주인공입니다. 그를 만나고 나서 왜 그가 개발NGO에서 활동하는 젊은 이들에게 대표적인 롤모델로 불리는지 알 수 있었습니다.

이 교수는 개발협력 분야를 개척한 1세대 현장 활동가들 중 한 사람으로, 한국의 개발NGO가 활발히 활동하기 시작한 1990년대 중반, 20대의 나이에 르완다에 파견되어 구호활동을 시작한 이래 20년 넘게 인도적 지원과 지역개발 사업을 해오며 많은 후배들에게 귀감이 되는 삶을 살았습니다. 괄목할 만한 변화나 프로젝트를 성공적으로 이끌었기 때문만은 아닙니다. 오히려 뜻하지 않은 실패와 절망적인 상황에도 불구하고 끊임없이 성찰하고 숙고하며 자신의 내면을 성숙시켜 현장 속으로 더 깊이 들어가고자 했으며, 자신의 경험과 교훈들을 진솔하게 아낌없이 사람들과 나누기를 주저하지 않았기 때문입니다.

그는 KCOC(국제개발협력민간협의회)를 비롯한 국내외 개발NGO의 성장과 변화를 돕는 다양한 활동에도 기꺼이 참여해주었습니다. 무엇보다 KCOC가 311만(300만 후원자, 10만 봉사자, 1만 상근직원)의 목소리를 대변하는 기구로 성장하는 데 큰 힘이 되었습니다. 개발협력 분야의 발전과 현장 활동가들의 성장을 위해서라면 아프리카에서 아시아에 이르기까지 지역과 국가를 막론하고 달려가 상담하고 강의하며 그들과 함께 해주었습니다. 이 기회를 빌어 깊은 감사의 마음을 전합니다.

이 책은 개발NGO의 지부장으로, 대학의 교수로, 복음을 전하는 선교사로 헌신해온 한 인간의 뜨거운 인생 여정을 보여줍니다. 구호와 개발, 교육과 선교의 현장에서 만난 사람들, 감격스러운 변화와 성취들, 그리고 눈물겨운 아픔과 고난으로부터 얻어낸 값진 교훈들이 가득 담겨 있습니다. 믿음과 현실의 괴리, 원칙과 실제의 차이에서 비롯되는 갈등과 고민을 통해 변화하는 인식의 면면도 알 수 있습니다. 개발협력 분야에 몸담고자 하는 이들에게는 도전과 영감을, 신앙의 힘으로 일하는 선교사와 선교단체에는 많은 시사점을 안겨줄 책입니다. 삶의 의미와 세상의 가치를 고민하는 일반인들에게도 추천하고 싶습니다.

개발협력은 결국 "사람을 귀히 여기고 어떤 상황에서도 포기될 수 없는 존엄성을 지켜내는 일"이라고 말하며 앞으로도 계속해서 자신의 길을 묵묵히 걸어갈 이상훈 교수에게 경의와 지지를 보냅니다.

KCOC 사무총장, 전 주캐나다 대사

조대식

몸으로
살아내는 신념

르완다에 있을 때 이상훈 선교사와 그의 가족을 만났습니다. 저는 평소 사랑과 기도의 빚을 그에게 지고 있기에 추천사를 써달라는 부탁 정도는 흔쾌히 수락해야 마땅합니다. 그러나 그 내용이 문제였습니다.

이 책은 사회정의와 자신의 정체성을 고뇌하던 20대의 정치학도가 남을 돕는 일에 투신하여 선교사이자 개발전문가로 성장해온 궤적을 담고 있습니다. 자신의 업적을 스펙처럼 나열하는 대신 시련과 후회의 아픔, 자신이 붙들고 씨름했던 고민의 내용을 가감 없이 조곤조곤 들려줍니다. 그러니까 이 책에 담긴 '궤적'은 그의 이력이 아니라 그의 생각의 발자국이자, 기도의 제목들인 셈입니다.

그러니까 말입니다. 현장에서 그처럼 생생한 인간의 비극과 마주하지 않고 살아온 제가 어찌 이 책의 모두에 추천사를 헌정할 자격이 있겠습니까. "왜 나냐?"는 물음에 "당신도 르완다 사람이었잖느냐?"는 반문이 돌아와 제 마음에 얹혔고, 그래도 사양했더니 둘 사이의 관계로 보고 써달라는 '협박성' 주문에 차마 끝까지 물리치지 못하고 이렇게 주제 넘는 글을 쓰고 있습니다.

저는 훌륭한 생각과 언변을 가진 분들을 자주 그리고 많이 만나는 편입니다. 그러나 자신의 생각과 주장을 온전히 몸으로 살아내는 사람을 만나기란 의외로 어렵습니다. 그런 사람을 만나면, 나와는 전혀 다른 생각을 가진 사람이라도 당해낼 도리가 없지요. 이상훈 선교사는 공부하며 알게 된 사상가들의 주장을 머릿속으로 가늠하고 정리하는 지식인이 아니라 똥인지 된장인지 찍어 먹어봐야 직성이 풀리겠다는 듯 먼저 행동에 옮겨보는 실천가입니다.

그는 학창 시절 카를 마르크스에 감응한 뒤 마르크시스트로 살았고, 예수를 만난 뒤 선교사가 되었고, 아프리카인들의 고난을 목도한 뒤 단기적 구호활동가에서 아예 장기적 개발전문가로 변신합니다. 마치 "부처를 만나면 부처를 죽이고, 조사를 만나면 조사를 죽이고,

부모를 만나면 부모를 죽여라"라는 임제 선사의 가르침처럼, 마르크스를 만나 마르크스를 죽이고, 애덤 스미스를 만나 애덤 스미스를 죽이고, 토머스 홉스를 만나 토머스 홉스를 죽이고, 예수를 만나 자기를 죽이는 삶을 살고 있는 것이지요.

개발 현장에서 바라본 개발의 과제는 언론의 르포 기사처럼 단순하지 않습니다. 그것은 인간의 행동을 바꾸는 일이기 때문에 인간의 생각을 바꾸는 일이 되어야 하고, 인간을 바꾸는 작업의 화살은 당연하게도, 결국 그 일에 관여하는 사람 자신에게로 돌아옵니다. 그래서 아프리카의 문제는 우리 모두의 문제가 되는 것입니다. 아프리카의 개발에 관한 그의 고백이 큰 울림을 가지는 것은 신앙도 신념도 몸으로 그것을 온전히 살아낼 때에만 비로소 향기를 뿜기 때문이라고, 저는 느꼈습니다. 모쪼록 많은 독자들이 함께 느끼면 좋겠습니다.

전 주르완다 대사
박용민

언제나 진심을 다하는
삶의 고백

이상훈 선생님은 울고 있었습니다. 2009년 늦은 밤, 어느 식당이었습니다.

그날 우리는 아프리카에서의 국제개발을 주제로 열린 행사를 마치고 자리를 옮겨 많은 이야기를 나누었습니다. 행사에서 많은 사람들이 아프리카에서의 독재와 분쟁 그리고 국제개발에 대해 의견을 내놓았지만, 이 선생님은 아프리카 국가들이 안고 있는 깊고 다양한 문제의 맥락을 충분히 이해하지 못한 채 내려지는 판단에 조심스러운 우려를 표했습니다. 그러면서 우간다에서 일어난 분쟁 중에 소년병으로 끌려갔다가 돌아온 아이들을 돌보는 프로젝트를 비용 문제 때문에 완수하지 못했다는 이야기를 하다가 눈물을 흘리신 겁니다. 구호개발기관의 책임자나 선교사로서가 아니라 아이들을 책임지지 못한 어른의 흐느낌이었습니다.

"꿈이 뭐니?"라는 이 선생님의 물음에 "의사요"라고 소녀는 대답했습니다. "의사가 되려면 건강해야 돼"라며 이 선생님이 소녀에게 약을 건넸습니다. 오래전 종영된 MBC의 〈W〉라는 프로그램에 나온 모습입니다. 하지만 소녀는 끝내 병마와의 싸움을 이겨내지 못하고 무성한 수풀 속 무덤으로 외롭게 남게 됩니다.

이 선생님은 아프리카에서 많은 사람들의 고통과 죽음을 보았습니다. 이기심과 탐욕, 무사안일에서 비롯된 온갖 부정부패와도 싸움을 벌여야 했습니다. 하지만 언제나 사람들과 협력했고 한결같은 진심으로 사람을 대했습니다. 가슴에 품은 이상을 배반하지 않으며 소박한 삶을 살았습니다.

이 책은 어려움에 처한 이들을 구한 위대한 국제개발 전문가나 선교사의 영웅담이 아닙니다. 인간다운 삶의 의미와 가능성을 탐구해온 인생의 기록이고, 인간을 자유케 하는 진리를 끊임없이 추구해온 장년의 고백입니다.

'나는 무엇을 위해 살아왔고, 어떻게 살아가야 하는가?'
이상훈 선생님의 삶이 저를 다시 돌아보게 합니다.

발전대안 피다 대표
한재광

사랑하면
알 수 있습니다

1998년 어느 날, 르완다 사무실에 회계사로 부임한 강인구 선교사가 "이 무식한 놈들…"이라며 씩씩거리면서 들어왔습니다. 당시 회계팀은 인접국인 콩고의 업무까지 맡고 있었고, 케냐와 르완다, 에티오피아 출신의 회계사를 포함해서 총 4명이 함께 일하고 있었습니다. 영어가 익숙지 않았던 강 선교사는 사람들과 친해지기 위한 나름의 방법으로 자신이 알고 있는 우스갯소리를 미리 번역해서 들려주곤 했습니다. 그날도 그랬던 모양입니다.

"그는 누구일까요? 목수의 아들로 태어나 살아생전 많은 고생을 하고 죽었다가 다시 살아나 지금도 많은 사람들에게 꿈과 희망을 주고 있습니다."

꼭 크리스천이 아니어도 이 정도의 설명이면 대부분 '예수'라는 대답이 나올 겁니다. 바로 그 대목에서 강 선교사는 예수가 아니라 '피노키오’라고 말하며 사람들의 웃음이 터지기를 기대했던 것인데, 회계사들은 무슨 소리냐는 듯 멀뚱멀뚱 쳐다보기만 했답니다. 생각해보면 씩씩거릴 만도 하지요. 하지만 그들은 〈피노키오〉라는 동화를 한 번도 접해본 적이 없었던 겁니다. 이 해프닝은 이후로도 저에게 많은 것을 생각하게끔 만들었습니다.

‘다름은 어디에서 출발하는 것인가? 다름은 좋은 것인가, 나쁜 것인가? 공유될 수 있는 것과 없는 것은 무엇인가? 사람은 타인을 얼마만큼 포용할 수 있는가? 무엇이 빈곤인가? 무엇이 인간을 부요하게 하는가?’

누구나 웃을 수 있을 것 같은 이야기를 누군가는 웃을래야 웃을 수 없다는 사실을 깨달은 이후로 세상과 사람이 조금씩 보이는 것 같았습니다. 있는 그대로의 세상과 사람을 이해하고 사랑하는 법을 배우기 시작한 거지요.

난민촌에서 만나 지금까지 함께 길을 걸어온 아내와 자신들이 선택한 여정은 아니었지만 기꺼이 받아들여준 훈희와 진희, 그리고 아직은 자기가 어디에 있는지 모르는 강희에게 고맙다는 말을 전하고 싶습니다. 무뚝뚝한 아들을 위해 지금도 기도하고 계시는 양평의 부모님께 말로는 못한 '사랑한다'는 말씀을 드립니다. 오랜 시간 저희 가족을 애정으로 지켜보고 돌봐주신 교회와 후원자분들께 마음속 깊이 감사의 인사를 올립니다. 저를 위해 온갖 궂은일을 도맡아 해준 후원회 총무 구교영 장로에게도 감사의 말을 전합니다. 한 번 읽고 버려질 수도 있는 글조각들을 정성스럽게 주워담아 세상에 책으로 나오게 해준 출판사 두앤북의 친구에게 감사의 악수를 건넵니다. 그리고 누구보다 지금까지 저와 함께 걸어주신 그분께 당신의 것을 돌려드립니다.

이 책을 읽는 분들께 미리 양해와 용서를 구합니다. 저의 경험에서 출발한 이야기이다 보니 부족한 점이 있을 줄 압니다. 읽으시면서 본의 아니게 불편함을 드리거나 폐를 끼친 부분이 있다면 저의 불찰로 여기시고 너그럽게 헤아려주시면 감사하겠습니다. 그리고 이 책을 덮으실 즈음, 제가 아니라 저의 손가락이 가리키는 달을 바라봐주신 다면 저자로서 더 이상 바랄 것이 없겠습니다.

살며 사랑하며 배우며…

이상훈

차례

추천의 말 01
사람을 사람으로 5

추천의 말 02
어떤 경우에도 포기될 수 없는 인간의 존엄성 7

추천의 말 03
몸으로 살아내는 신념 10

추천의 말 04
언제나 진심을 다하는 삶의 고백 13

저자의 말
사랑하면 알 수 있습니다 16

기

아프리카는 '영원'을 생각한다

-아픔을 넘어 희망을 일구는 사람들

아프리카의 마음, 하쿠나 마타타 27

뜻이 있는 곳에 길이, 길이 있는 곳에 동반자가 32

버려진 자의 용서 그리고 화해 39

기타라마는 어디로 갔을까? 47

우간다 산골 소녀의 기적 53

아프리카에 용서를 구합니다 59

승

이기적인 세상을 어떻게 하면 좋을까요?
– 선한 의도, 어긋난 결과

이타성의 본질은 이기심인가 67

인간은 어디까지 잔인해질 수 있는가 75

누가 더 가난하고, 누가 덜 가난한가 83

누구를 위한 인도주의인가 92

고향보다 난민촌이 좋아요 98

우리는 집을 지었고, 그들은 허물었다 106

개발의 파도에 떠내려간 사람들 112

모금은 아동을 팔아서, 사업은 필요에 따라서 122

모든 죽어가는 것을 사랑하리라 130

건물은 환영받지만 인권은 외면당하고

-개발 현장의 이슈와 대안

마을에 알코올중독자가 늘어난 까닭은… 141

새로운 발견, '보이지 않는 손'의 위력 147

성장을 우선할 것인가, 성숙을 지향할 것인가 156

시장에 맡길 것인가, 정부가 나설 것인가 161

인류를 구하는 것은 종교인가, 이성인가 166

모든 것이 결정되어 있다면 무엇을 선택할 수 있는가 179

무엇이 세상을 아름답게 하는가 189

결

진주는 항상 어딘가에 묻혀 있다

– 우리가 걸어야 할 구원의 길

세 분의 스승을 소개합니다 199

욕망에서 자유로운, 고통에서 자유로운 210

진정한 도움이 되려면 잊어야 합니다 216

가슴에 새겨진 가르침을 따라 223

천국을 보다 233

나와 세상을 아름답게 바꾸는 두 글자 238

'진정한 어른'을 기다리며 244

가난한 것 같으나 모든 것을 가진 자 249

지

아프리카는 '영원'을 생각한다

－아픔을 넘어 희망을 일구는 사람들

예물을 제단에 드리다가 거기서

네 형제에게 원망 들을 만한 일이 있는 줄 생각나거든

예물을 제단 앞에 두고 먼저 가서

형제와 화목하고 그 후에 와서 예물을 드리라.

|

마태복음 5장 23~24절

아프리카를 잘 모르는 사람들에게도 친숙한 말이 있습니다. 바로 '하쿠나 마타타'입니다. 이 말은 동부 아프리카의 부족들 사이에서 오랫동안 통용되어온 인사말로, 스와힐리어입니다. 스와힐리어는 자체 문자가 없기 때문에 영어 알파벳을 차용하여 'Hakuna matata'로 표기하는데, 'ha'는 부정의 의미를 지닌 접두어이고 'kuna'는 '있다, 존재하다'라는 뜻입니다. 'matata'는 '문제, 골칫거리' 정도의 의미입니다. 풀이하면 '문제 없어, 잘될 거야' 정도가 되겠지요.

이 말이 세계적으로 널리 알려지게 된 계기는 아무래도 월트디즈니사의 애니메이션 〈라이언 킹(Lion King)〉이라 할 수 있습니다. 이 영화는 저에게도 특별한 의미가 있습니다. 영화가 나올 무렵 두 딸 훈희와 진희가 케냐의 수도 나이로비에서 태어났고 아이들과 함께 50번 이상은 본 것 같습니다. 덕분에 영어 공부에도 큰 도움을 받았습니다.

이 영화에서 가장 인상 깊은 부분은 첫 장면입니다. 하얀 눈이 덮힌 킬로만자로산을 배경으로 태양이 떠오르며 주위를 빨갛게 물들이는 장면과 더불어 웅장한 합창이 울려 퍼집니다. 코끼리, 얼룩말, 기린, 사슴, 홍학 등 수많은 동물들이 프라이드 록(Pride Rock)에 모여들고 세계적인 팝 가수 엘튼 존이 작곡한 주제가 '서클 오브 라이프(Circle of Life)'가 흘러나오는 모습에서 생명이 순환하는 대자연의 스케일이 벅찬 감동으로 다가옵니다.

우리 아이들이 가장 좋아하는 부분은 달랐습니다. 혹멧돼지 품바와 미어캣 티몬이 도망 나온 어린 사자 심바와 함께 경쾌한 느낌으로 '하쿠나 마타타'를 부르는 부분입니다.

Hukuna matata!(하쿠나 마타타 !)

What a wonderful phrase(아주 멋진 말이지)

Hakuna Matata!(하쿠나 마타타!)

Ain't no passing craze(그냥 하는 말이 아니야)

It means no worries for the rest of your days(남은 인생 동안 걱정 없이 살라는 뜻이지)

It's our problem-free philosophy(우리의 인생 철학이야)

이 가사의 내용대로 하쿠나 마타타가 인생의 모든 문제를 해결해주지는 않겠지만, 아프리카 사람들의 삶 속에 녹아 있는 철학임에는 틀림없습니다.

하쿠나 마타타를 단지 'No problem(문제 없어)' 정도로 옮기면 그 뉘앙스가 충분히 살아나지 않습니다. 왜냐하면 그 속에 담긴 시간관념이나 인생관이 확연히 다르기 때문입니다.

아프리카에서 생활하는 외국인들이 일이 잘 안 풀릴 때 한탄조로 하는 말이 있습니다.

"이곳에서는 되는 일도 없고 안 되는 일도 없다."

성과지향적인 서구 문화권에서는 시간이 희소한 자원입니다. 빠른 시간 안에 결과를 볼 수 있어야 효율이 높다고 생각합니다. '시간은 돈'이기 때문입니다. 그런 면에서 도대체 급한 일이라곤 없이 느릿느릿 움직이는 아프리카인들의 태도는 좌절감을 느끼게 하기에 충분합니다. 한두 번도 아니고 이 같은 상황이 자주 반복되면 답답하다 못해 짜증이 나고 아프리카 사람들의 문화를 미개하다고 단정짓게 됩니다. '저급하다'고 이해하는 거지요.

세상만사가 그러하듯 좀 더 알게 되면 다른 것이 보입니다. 나의 눈으로 보는 것과 그들의 눈으로 보는 것에는 작지 않은 차이가 있습니다. 하쿠나 마타타도 그렇습니다. 저를 포함해서 서구화된 현대인들에게 현재는 참고 기다리는 대상일 뿐입니다. 더 나은 미래가 오리라는, 막연하지만 언젠가 실현될 것이라는 믿음으로 '괜찮아'라며 오늘을 인내합니다.

우간다의 철학자 존 음비티(John Mbiti)는 그의 책 《아프리카의 종교와 철학(African Religion and Philosophy)》에서 아프리카인들의 시간관을 설명하면서 아프리카 언어에는 서구인들이 생각하는 '미래'에 해당하는 단어가 없다고 말합니다. 아프리카인들의 마음은 언제나 '자마니(zamani)'라고 하는 영원의 시간(과거)으로 향하고 있다는 것입니다. '사사(sasa)'라고 하는 현재의 시간은 지금 이 순간에 잠시 존재하다가 영원의 시간, 즉 과거로 향하게 됩니다. 그곳에는 먼저 돌아가신 조상들이 있습니다. 그들은 영혼이 깃든 모든 존재는 죽어서도 영혼이 남아 영원의 세계로 가게 된다고 믿고 있습니다. 집안의 어른이 죽으면 마당에 묻고 평토장한 후에, 가족들이 그곳을 밟고 지나다니고 어린아이들이 뒹굴며 놀기도 하는 모습을 볼 수 있는데, 아프리카인들은 이처럼 죽음을 단절이 아니라 영원한 삶의 여정 가운데 누구나 지나가는 오솔길 정도로 생각합니다.

그래서 아프리카 사람들은 일희일비하지 않습니다. 우리가 알 수 없는 미래에 현재를 저당잡힌 채 아등바등 살아갈 때 이곳 사람들은 물질의 결핍 속에서도 오늘을 편안하게 품으며 풍요롭게 살아갑니다. 〈라이언 킹〉의 첫 장면처럼 아름다운 대자연 위에서 오늘 하루를 다른 어떤 것에 구속받지 않고 명랑하고 쾌활하게 긍정적으로 살아가는 그들의 인생 철학과 태도가 저에게는 더 크고 깊은 지혜로 다가옵니다.

하쿠나 마타타는 우리 인생에 '문제가 없다'는 뜻이 아닙니다. 문제는 있지만 굳이 '문제 삼지 않겠다'는 것입니다. 그들은 게으르거나 답답한 사람들이 아니라 조금 느리게, 그러나 더 멀리 내다보고 사는 사람들일지 모릅니다. 생존을 위한 긴장 속에서도 오래 평화를 유지하는 초원을 닮았습니다.

뜻이 있는 곳에 길이,
길이 있는 곳에 동반자가

한국 사회에 빛과 소금이 될 수 있는 역할은 무엇일까?

군대생활에서의 충격과 번민, 이어진 방황과 뜻밖의 축복(67쪽 참조)을 만난 저는 사회에 기여하는 일을 하고 싶어졌습니다. 이런저런 생각 끝에 기자가 되어 세상의 진실을 밝히고 사람들에게 더 깊고 올바른 시각을 심어주는 사람으로 살면 좋겠다는 결론을 내리고 공부를 시작했습니다. 그러던 중 〈동아일보〉 기사에서 한국국제기아대책기구(KFHI) 기아봉사단 모집공고를 보게 되었습니다. 제3세계에 나가 일할 자원봉사자를 찾는 공고였는데, 자격 조건이 간단했습니다. '크리스천'이라고만 적혀 있었던 것입니다. 순간 그 조건이 제 마음에 쏘옥 들어왔습니다.

공고문에 나온 주소대로 신사동 신구빌딩에 위치한 KFHI를 찾아갔습니다. 얼마 후 기아봉사단 훈련을 받게 되었고, 미국에서 오신 대로 밀러 목사님을 만났습니다. 그분의 강의를 듣고 대화를 나누던 중 마음이 움직여 '나도 세계의 빈곤과 기아 문제를 해결하는 데 헌신해 보겠다'는 결심을 하기에 이르렀습니다.

과정은 빠르게 진행되었습니다. 기아대책기구에 들어간 지 한 달 만에 르완다 난민 지원에 투입할 구호팀의 선발대에 포함되었습니다. 출발도 갑작스럽게 이루어졌습니다. 출발이 내일인데 오늘 오후에 회장실에 불려가 르완다난민촌으로 가라는 이야기를 들은 것입니다. 수습간사의 딱지도 떼기 전에 이렇다 할 준비도 없이 저는 군대를 제대한 건강한 남자라는 이유만으로 홀연히 아프리카로 떠나게 되었습니다.

당시 저는 아프리카에 대해 무지한 상태였습니다. 얼마나 몰랐는지 르완다에서 벌어진 실상을 김포공항에서 구입한 잡지 〈타임〉과 〈뉴스위크〉를 보고 처음 알았습니다. 1994년 르완다 내전의 참상은 이후 각종 미디어를 통해 전 세계에 알려지면서 지금도 사람들에게 끔찍한 기억으로 남아 있습니다.

저는 비행기를 몇 번이나 갈아타고 이틀을 날아가 케냐의 나이로비공항에 도착했습니다. 마중 나오신 선교사님의 도움을 받아 경비행기를 타고 빅토리아호를 넘어 내려선 곳이 콩고민주공화국의 고마(Goma)라는 도시였습니다. 동부의 접경지대에 위치한 도시로, 르완다난민촌이 들어서 있었습니다. 상당히 넓은 평원에 UNHCR(유엔난민기구)에서 지급한 푸르고 흰 포장을 두른 움막들이 줄을 맞추어 세워져 있었는데, 좁은 구역에 수많은 난민들이 밀집해 있어 각종 폐기물 냄새가 나고 걸레나 다름없는 옷을 입은 아이들이 개, 염소와 뒤섞여 있는 모습에서 저도 모르게 기가 질려버렸습니다.

저에게 주어진 첫 업무는 2주 후 도착할 의료팀을 위한 집과 차량, 도와줄 직원을 구하는 일이었습니다. 열악하기 짝이 없는 환경, 무엇을 어떻게 해야 할지 모르는 막막한 상황에서 이리 뛰고 저리 뛰고 하다 보니 무리가 왔던 모양입니다. 결국 급성간염에 걸려 한국으로 후송되고 말았습니다. 호된 신고식을 치른 셈이지요.

치료를 마치고 복귀해서 맡은 일은 구호물자 보급이었습니다. 케냐 나이로비의 지원사무실에서 구호활동에 필요한 의류, 식량, 약품 등을 조달했는데, 그 외에도 난민촌에서 활동하는 동료들을 위해 자동차 부속품, 식자재, 생필품을 보급했습니다. 르완다뿐 아니라 콩고와 앙골라까지 지원하게 되어 하루하루가 정신없이 바쁘게 돌아갔습니다. 물품을 사들이고, 보관하고, 분류하고, 세관을 거쳐 비행기나 트럭에 실어서 목적지로 보내는 일이 얼마나 손이 많이 가는 일인가는 해본 사람만이 압니다. 게다가 언어 소통도 골칫거리였습니다. 수천 킬로미터 떨어진 곳에 있는 동료들이 잡음이 섞여 칙칙거리는 HF(단파)무전기로 요구사항을 전달하면 그에 맞추어 작업을 진행해야 합니다. 그런데 동료들의 말을 알아듣기가 쉽지 않았습니다. 무전기 사용은 군대에서 훈련을 받아 익숙한 편이었는데, 각 나라 특유의 억양과 속어가 섞인 영어를 알아듣는 일은 여간 고역이 아니었습니다. 방언통역의 은사라도 받아야 하나 싶을 정도였습니다. 한번은 무전기로 물품 수량을 불러주는데 pkt(packet)를 kg로 잘못 알아들어 몇십 봉지만 사면 될 채소 씨앗을 몇십 킬로그램이나 사는 바람에 뒤처리를 하느라 아주 애를 먹기도 했습니다.

난민촌에서 봉사하던 시절 한 아가씨를 알게 되었습니다. 팀원들의 식사를 준비하는 자원봉사자였는데, 열악한 환경과 고된 일로 스트레스가 심했을 텐데도 웃음을 잃지 않고 자신의 일을 꿋꿋하게 해나갔습니다. 점점 봉사하는 일에 지치고 영혼이 메말라가면서 마음도 거칠어지고 있을 때 변함없이 밝은 모습으로 진심을 다하는 그녀의 모습에서 큰 위안을 받았습니다. 대화를 나누는 시간이 많아졌고 같은 뜻을 지닌 사람으로 서로에게 의지하면서 자연스럽게 부부의 연을 맺게 되었습니다.

한 여인과 결혼해 생활하면서 '뜻이 있는 곳에 길이 있고 길이 있는 곳에 동반자가 있다'는 말을 저의 인생 신조로 여기게 되었습니다. 물론 그 길이 항상 순탄한 것만은 아니었습니다.

그렇게 신혼의 단꿈을 포기한 채 지내던 아프리카 초년병 시절, 두

아이가 태어났습니다. 훈희와 진희. 예쁜 아이들을 보며 기쁘고 감사했지만, 현실은 현실이었습니다. 좋지 않은 환경에서 아이까지 낳아 키우려니 이만저만한 고생이 아니었습니다.

큰딸 훈희가 태어난 지 6개월 무렵의 일이었습니다. 갑작스레 아이의 몸이 불덩이로 변했습니다. 혹시 말라리아에 걸린 것은 아닌지 걱정되어 견딜 수가 없었습니다. 우리 부부는 열이 40도를 오르내리는 아이를 안고 지리도 익숙치 않은 나이로비의 밤거리로 나섰습니다. 급한 마음에 큰 병원의 응급실부터 찾아갔는데 열을 내리는 약만 처방해줄 뿐 다른 조치는 취해주지 않았습니다. 야간의료를 담당하는 전문의도 없었고, 의사를 불러달라고 하니 크리스마스 연휴라서 호출을 해도 전화를 받지 않을 거라는 답만 돌아왔습니다. 그렇게 발을 동동 구르며 돌아다니기를 여러 곳, 아이는 아프다며 울며 보채는데 얼굴이 부시시한 의사들의 무성의한 모습을 보고 있자니 울화가 치밀어 멱살이라도 잡고 싶었습니다. 아내와 제가 이 약 저 약 먹여가며 교대로 달래기를 수십 번, 드디어 아이의 몸에서 열이 내리기 시작했습니다. 크리스마스의 아침이 밝아오는 6시였습니다. 그날 우리 가족 모두는 하루 종일 깊은 잠에 빠져 크리스마스를 보냈습니다.

아프리카가 싫어졌습니다. 일에서 오는 스트레스도 심했지만 가장으로서의 책임감도 무거웠습니다. 믿음으로 선택한 길이지만 아무것도 모르는 아이들에게 제 삶을 감당하게 할 순 없었습니다. 냉혹한 현실이 저를 아프리카에서 밀어내는 느낌이었습니다.

그 무렵 저를 화나게 하는 일이 또 있었습니다. 한국기아대책기구의 회지를 만드는 편집자로부터 받은 질문 때문이었습니다. "아프리카에서 일하는 사람으로서 누리는 혜택이 있다면 무엇이겠느냐?"는 질문이었습니다. 현장에 있는 사람들이 매일매일 겪는 일들이 뭔지 잘 몰라서 그랬겠지만, 저는 그 질문을 받는 순간 '무슨 뚱딴지 같은 소리? 가뜩이나 힘들어죽겠는데 꼭지를 돌게 만들려고 그러나?' 하는 생각부터 들었습니다.

갓 일을 시작한 현장의 봉사자들은 마음대로 되지 않는 열악한 환경에 지치고 아프리카 사람들의 비능률적 태도에 실망하여 심한 스트레스에 시달립니다. 거의 매일 스트레스 속에서 산다고 해도 과언이 아닙니다. 이메일이 없던 시절, 팩스로 한국과 미국, 일본에 서류들을 보내고 받아야 했던 사람은 가히 성인군자라 해도 좋을 정도였습니다. 중간에 신호가 끊어지면 처음부터 다시 해야 하는데 그걸 몇 번이나 반복하는지 모릅니다. 다른 문화권에서 살아온 사람들의 일 처리 방식도 마음에 들지 않았습니다. 특히 시한을 제대로 지키지 않는 안일한 태도가 저의 신경을 건드렸습니다. '안 되면 되게 하라'는 말을 들으며 군생활을 한 사람이 화병으로 도중하차할 것만 같았습니다.

그런데 아프리카에 살면서 누리는 혜택이라니, 도대체 무슨 생각으로 그런 질문을 던지는지 이해할 수 없었습니다. 혹여 아프리카 초원에서 사파리라도 즐길 수 있지 않느냐고 묻고 싶었던 걸까요?

이뿐만이 아닙니다. 어느 날 갑자기 언론사 사람들을 보내겠다는 연락이 옵니다. 홍보에 도움을 줄 기자들을 보낼 테니 뒤치다꺼리를 해달라는 거지요. 처음에는 어쩔 수 없어 기자들의 '현지 코디' 역할을 떠맡았지만, 기자들로부터 무리한 요청을 몇 번 받은 후로는 그런 전화가 걸려오면 끊어버렸습니다.

지금 생각하면 미안한 일이었습니다. 담당자는 현장의 속사정을 알 리 없었을 테니까요. 여러모로 힘든 시절이었습니다.

'1만 시간의 법칙'이라는 것이 있습니다. 1만 시간 동안 한 가지 일을 꾸준히 하면 그 일에서 최고의 전문가가 된다는 것입니다. 저는 지난 24년간 구호와 개발, 선교를 하며 살아왔습니다. 그렇다면 저도 1만 시간은 채우고도 남았으니 이제는 '산은 산이고 물은 물(山是山 水是水)'이라고 말할 수 있어야 합니다. 그러나 개발은 무엇이고, 선교는 무엇인지 명쾌하게 정의할 답을 찾지 못했습니다.

그런 저에게 한 줄기 빛처럼 깨달음을 주신 분이 있습니다. 일본 기아대책기구에서 에티오피아로 파송한 카즈유키 사사키(Kazuyuki Sasaki) 선교사님입니다.

카즈유키 선교사님이 일하시던 에티오피아는 아프리카 대부분의 나라들이 그렇듯 80여 부족이 섞여 사는 국가입니다. 선교사님은 농업개발사업을 하던 중 부족들 간의 갈등으로 나라가 병들고 사람들이 가난의 굴레에서 벗어나지 못하는 상황을 고민하다가 평화학(peace study)을 공부하기 위해 영국으로 떠납니다. 거기서 쓰신 박사 논문이 〈분단과 갈등을 넘어: 제노사이드 이후 르완다에서 국가 정체성 확립의 정치와 정의와 화해의 갈구〉입니다. 제노사이드(genocide, 집단학살) 같은 심각한 갈등을 겪은 후에는 사회 통합을 위해서 정의와 화해처럼 상치되는 가치를 동시에 추구해야 한다는 것이 논문의 요지입니다. 어느 한쪽의 피해만 조명을 받으면 다른 한쪽의 피해는 가려지게 되고 결국 다시 피해자와 가해자로 양분되므로, 양쪽 모두에게 공평하게 진실을 밝힌 후 그것을 기반으로 화해를 추구해야 사회의 뿌리 깊은 갈등을 극복할 수 있다는 것입니다. 풍부한 경험과 깊은 고찰이 빛나는 논문입니다.

하지만 제가 카즈유키 선교사님을 존경하는 이유는 따로 있습니다. 그동안 이루어낸 성과와 별개로 자신의 믿음대로 살아가는 모습 때문입니다.

르완다 한인교회가 저희 집에서 예배를 드리던 시절, 카즈유키 선교사님을 설교자로 모신 적이 있습니다. 선교사님은 말씀을 전하기에 앞서 자신의 가족을 한국인 성도들에게 소개하시고는 저에게 2010년 일본 침례교단이 발표한 '대한국민 사과문'을 낭독해줄 것을 요청했습니다. 한국어로 작성된 사과문에는 과거 일본이 조선을 강

점하고 식민 지배를 통해 고통을 준 사실, 관동대지진 당시 무고한 조선인들을 학살한 사실, 그리고 지금도 계속되고 있는 재일교포들에 대한 일본 정부의 차별 등이 일일이 나열되어 있었고, 그 모든 일에 일본 침례교회가 침묵한 것에 대해 한국 교회와 한국인에게 진심으로 사과하며 용서를 구한다는 내용이 담겨 있었습니다. 예고도 없이 불려나가 사과문을 읽던 저는 가슴이 뭉클해졌고, 선교사님은 대독이 끝난 후 가족과 함께 성도들에게 머리 숙여 사과했습니다.

잘 알려진 대로 르완다는 1994년 후투와 투치 두 부족의 갈등과 반목으로 심각한 내전을 겪었습니다. 당시 인구 800만 명 중 100만 명 정도가 죽거나 실종된 참혹한 전쟁이었습니다. 동족 간 전쟁으로 많은 희생자를 낸 한국과 여러모로 닮은 나라입니다.

언젠가 박용민 주르완다 대사님이 저녁식사 자리에서 이런 말씀을 하셨습니다.

"르완다는 인류 역사상 보기 드문 실험을 하고 있다. 서로가 죽고 죽이던 내전이 끝났지만 가해자와 피해자가 서로 분리되어 따로 사는 것이 아니라 한 마을에 같이 살고 있지 않느냐. 이런 상황에서도 두 부족이 진정한 화해와 평화를 이룰 수 있다면 그것이야말로 인류 역사의 새로운 장을 여는 것이다. 그렇다면 분단국인 한국은 르완다의 경험으로부터 교훈을 얻어야 할 것이다."

용서와 화해만이 우리 인류의 미래를 열어줄 수 있다는 취지의 말씀을 저는 귀가 아니라 가슴으로 들었습니다. 그럴 만한 연유가 있었지요.

당시 저와 카즈유키 선교사님은 르완다 PIASS(Protestant Institute of Arts and Social Science, 개신교대학)에서 개발학을 가르치고 있었습니다. 하루는 선교사님이 주관하는 'Peace-building & Development(평화 구축과 개발)'라는 세미나 수업에 참석했는데 두 분의 르완다인이 특별 초청되어 자리를 함께 했습니다.

사진에 나오는 여성은 투치족으로 이름이 사라비아나이고, 남성은 후투족으로 타데오입니다. 내전 당시 후투족은 투치족을 완전히 멸종시키겠다는 정치인들의 선동에 호도되어 소위 '인종 청소'를 시도합니다. 그때 학살에 참여한 후투족 가해자들 중 하나가 타데오이고, 투치족 피해자들 중 한 사람이 사라비아나입니다. 그녀는 처녀의 몸으로 같은 마을의 후투족 사람들에게 둘러싸여 윤간을 당하고 칼로 찔린 채 풀숲에 버려졌습니다. 그런데 기적적으로 죽지 않고 목숨을 건집니다.

전후에 타데오는 학살범으로 재판을 받고 형을 살았습니다. 그리고 고향에 돌아와 사라비아나를 위해 집을 지어 선물하고 용서를 구합니다. 르완다에서 집은 최고의 선물이라는 의미를 담고 있습니다.

사라비아나의 사진을 유심히 보면 지금도 입을 제대로 다물지 못

가해자와 피해자의 화해.

학살과 폭력에 참여한 후투족 가해자 타데오는

투치족 피해자 사라비아나에게 집을 지어 선물하고 용서를 구한다.

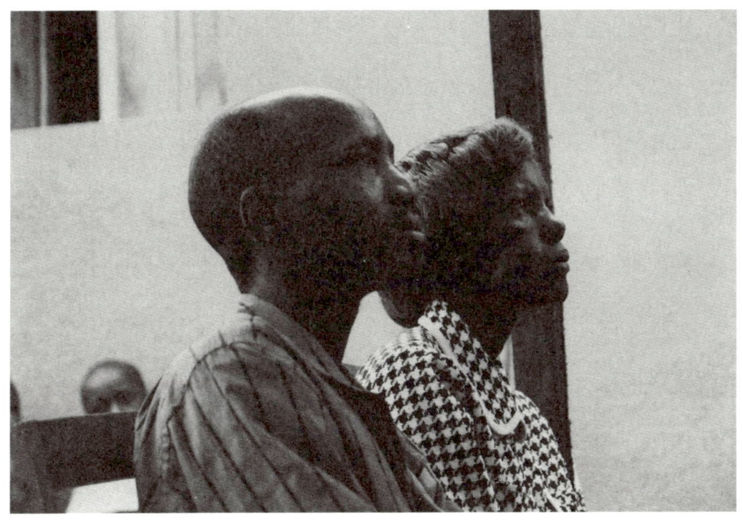

할 정도의 흉터로 일그러진 얼굴에 몇 개의 손가락이 절단된 상태입니다. 그렇게 가혹한 일을 당한 사람이 어떻게 가해자를 용서할 수 있을까요? 그러나 사라비아나는 자신에게 지울 수 없는 상처와 고통을 남긴 타데오를 용서합니다.

수업시간에 제가 사라비아나에게 물었습니다. 죽음으로 내몰리던 그날의 공포와 아픔을 생각하면 가해자들에게 화가 치밀어 오르지 않느냐고. 그녀는 상처로 다물어지지 않는 입에서 바람이 새어나가는 소리를 내면서도 차분하고 나직한 음성으로 말했습니다.

"비가 오는 날이면 가끔 그날의 기억이 찾아오는데, 그것은 가해자들에 대한 분노가 아니라 그런 상황 자체에 대해 마음속 깊은 곳에서부터 밀려 나오는 슬픔입니다."

그녀의 말을 들으면서 저는 반신반의했습니다. 보통 사람의 상식으로는 도저히 이해할 수 없었으니까요. 그녀는 제가 한 번도 가보지 않은 그 어떤 경지를 가본 사람만이 보일 수 있는 초연함을 갖고 있었습니다.

사람들은 보통 자신이 경험한 부당한 일에 대해 증언할 때 목소리에 분노가 묻어나오고 평소보다 격한 소리를 냅니다. 사라비아나는 달랐습니다. 처음부터 끝까지 감정의 기복이 느껴지지 않는 잔잔한 목소리로 사람들의 질문에 답하며 자신의 이야기를 이어갔습니다. 칼로 난자되어 마비된 안면근육 탓인지 다소 무표정해 보이고 발음이 정확하지 않았지만, 평온하면서도 의연한 어조는 변함이 없었습니다.

사라비아나가 자신이 겪은 폭력에 대해 담담히 증언하는 동안 저는 타데오의 얼굴을 몇 번 훔쳐보았습니다. 그는 자신의 과오를 반성하듯 머리를 숙인 채 조용히 듣고 있었습니다. 그리고 증언 차례가 되자 자신이 저지른 모든 일들을 인정했습니다. 마지못해 폭력에 가담하긴 했지만 그것은 분명한 잘못이었다고 고백하며 진정으로 반성하고 있었습니다.

현재 가해자 타데오와 피해자 사라비아나는 가까운 이웃으로 한 마을에 살고 있습니다. 일가친척들의 반대에도 불구하고 조카들의 결혼도 성사시켰습니다.

수업이 끝나고 카즈유키 선교사님의 초대로 두 사람과 함께 부타레(Butare. PIASS가 소재한 지방 도시)에서 유일한 중국집에서 저녁식사를 했습니다. 그들의 증언을 직접 들었음에도 불구하고 여전히 반신반의하는 제 앞에서 두 분은 나란히 앉아 아이들처럼 깔깔거리며 처음 먹어보는 중국 음식을 맛있게 먹었습니다.

그들을 바라보고 있는데 저도 모르게 눈시울이 뜨거워졌습니다. 도저히 용서할 수 없는 처참한 일을 겪는다 해도 사라비아나보다 더한 경우가 없을 것이고, 너무나 부끄러워 사과하기 힘들다 해도 타데오의 경우에 비할 바가 아닐 것입니다. 그럼에도 그들은 우리 앞에서 진정한 사과와 용서, 화해 그리고 평화가 무엇인지 증거해주었습니다. 그 생생한 증거 앞에서 목이 매인 저는 음식을 넘길 수가 없었습니다.

'사람을 귀히 여기고 어떤 상황에서도 포기될 수 없는 존엄성을 지켜내는 일.'

우리가 꿈꾸는 세상을 그들에게서 확인한 듯했습니다. 그때까지도 찾지 못하고 있던 개발과 선교의 의미를 비로소 찾은 느낌이었습니다. 그 감사함으로 충분히 배부른 저녁이었습니다..

기타라마는 어디로 갔을까?

1997년에는 르완다의 수도 키갈리(Kigali)에 있었습니다. 당시 르완다는 갈등과 빈곤으로 찢겨진 아프리카의 모든 어려움을 모아놓은 듯한 나라였습니다. 국가 행정도 엉망진창이었습니다. 키갈리에 오자마자 신청한 취업비자가 1년의 임기를 마치고 돌아갈 무렵에야 발급될 정도였습니다. 부정부패 또한 심각했습니다. 사무실의 설비 유지보수와 물품 구매를 책임지고 있던 저에게 가장 큰 골치거리도 부정부패와의 싸움이었습니다. 전화국 직원들은 용돈이 필요할 때마다 저의 사무실 전화선을 끊었고 답답해서 달려나가 보면 동네 길모퉁이에 서 저를 기다리고 있었습니다. 그들은 각 집으로 연결되는 전화선들을 한곳에 모은 캐비닛을 지키고 서 있다가 돈을 주면 빼놓았던 전화선을 연결해주었습니다. 고장 수리를 하는 척하지만 전화선을 꽂았다 뺐다 하면서 사람들을 농락하는 것입니다. 그때마다 저는 사정을 하기도 하고 화를 내기도 하면서 겨우겨우 해결을 보곤 했는데, 속에서 인간에 대한 환멸감이 치솟곤 했습니다.

자동차로 지방 출장이라도 가게 되면 오늘은 경찰들에게 몇 번이나 붙잡힐지 동료들과 내기를 하던 기억도 납니다. 잡힐 때마다 살살 웃으며 달래보기도 하고 목소리를 높이며 따져보기도 했는데, 그래도 안 되면 길가의 나무 그늘로 가서 드러누운 채 아프리카의 시간은 영원하다는 말을 염불하듯 중얼거리며 하염없이 기다렸습니다. 그러면 한참 후에 어쩔 수 없이 봐준다는 듯 씩 웃으며 그냥 가라고 보내주었습니다.

가장 힘들었던 사건은 전쟁이 끝난 후 난민생활을 마치고 고향으로 돌아온 농부들에게 필요한 종자와 농기구를 분배하던 중 생긴 일이었습니다. 우리는 우간다에서 물품을 수입하기 위해 5개월 여간 종자회사들을 알아보고, 발아 시험을 하고, 수송하고, 각 지방의 창고에 내려보내고, 분배받을 농부들의 명단을 작성하는 등 밤낮없이 일했습니다. 그러던 어느 날, 키붕고(Kibungo)라는 지역에 나가 있던 동료 사라로부터 5톤의 종자가 모자란다는 연락을 받았습니다. 그 후 저는 지방의 모든 창고를 직접 방문하여 장부와 재고를 다시 확인하고 분배된 종자의 양과 영수증 등을 일일이 대조하는 작업을 해야 했습니다.

당시 제가 제출한 보고서의 결론은 기구 내부에서 일부 스태프와 주민들이 결탁하여 저지른 절도 사건이라는 것이었습니다. 그 일이 있은 후 얼마 되지 않아 임기가 끝나 떠나게 되었는데, 당시에 느낀 배신감과 좌절감이 얼마나 컸던지 지금도 기억에 생생합니다.

이렇게 절망적인 나라에서 제가 어떤 희망을 발견할 수 있었을까요? 실망감과 부정적인 생각만 가득한 가운데 맡겨진 일을 기계적으로 처리할 뿐이었지요.

안식년을 위해 르완다를 떠나 한국으로 가던 날, 공항에서 출국수속을 마치고 비행기를 기다리고 있는데 열심히 일한 보람보다는 지긋지긋한 곳을 탈출한다는 해방감이 더 크게 다가왔습니다. 그때만 해도 제가 다시 르완다로 돌아가게 될 줄은 까맣게 몰랐습니다.

안식년을 보내면서 해오던 일을 계속할 것인지, 그만두고 다른 일을 찾을 것인지 고민이 많았습니다. 그러다가 결국 하나님이 저를 다시 르완다로 인도하신다는 것을 깨닫고(223쪽 참조) 돌아가게 되었습니다.

아내와 세 자녀를 데리고 돌아온 르완다는 떠났던 당시와는 전혀 다른 나라가 되어 있었습니다. 그간의 변화상을 알 수 없는 처음 오는 사람들에게는 이곳 르완다가 여전히 볼품없는 나라로 보일 테지만, 전쟁 직후 비참했던 상황을 기억하는 저에게는 기적의 현장이나 다름없었습니다.

전에 함께 일하면서 친하게 지냈던 르완다 동료를 만나러 기타라
마(Gitarama)라는 곳에 갔을 때였습니다. 차로 1시간 정도의 거리에
위치한 마을이었는데, 1시간을 넘겨 30분 정도를 더 갔는데도 그 마
을이 보이지 않는 것이었습니다. 길가에서 교통을 난속하고 있는 경
찰 앞에 차를 세우고 기타라마가 어디에 있느냐고 물었습니다. 영어
가 잘 통하지 않았지만 제가 찾는 곳을 알아차린 경찰이 오는 길에 도
시를 보지 못했느냐면서 한참을 지나쳐 왔으니 되돌아가라고 알려주
었습니다. 그러고 보니 도중에 은행이 서너 개 들어서 있고 주유소 몇
개가 몰려 있는 곳이 있었습니다. 다시 돌아가서 보니 기타라마는 이
름을 무항가(Muhanga)로 바꾸고 제법 도시다운 모습을 갖추고 있었
습니다. 그런 줄도 모르고 새로 들어선 도시인 줄 착각하고 그냥 지나
쳤던 것입니다. 상전벽해의 현장, 무항가는 르완다의 변화를 압축해
서 보여주고 있었습니다.

그보다 더 놀라운 일은 취업비자와 가족의 비자를 이민국에 신청
하고 기다리면서 일어났습니다. 접수하고 나서 3일 정도 지났을까,
미비된 서류가 무엇인지 알려주면서 다시 제출하라는 연락을 받았습
니다. 3주도 아니고 단 3일 만에 말이지요. 담당자가 누구인지도 찾
아내기 힘들었던 시절을 떠올리면 정말로 엄청난 변화입니다. 서류
를 추가로 제출하고 기다리는데, 제 핸드폰으로 비자가 발급되었으
니 다음 날 아침 10시에 찾아가라는 문자 메시지가 들어왔습니다. 아

프리카에서 이 정도면 상전벽해라는 말로도 표현하기에 부족하다고 할 수 있습니다.

먼저 입국한 외국인들로부터도 귀가 의심되는 말을 들었습니다. 르완다에서 경찰이나 공무원들에게 '용돈'을 쥐어주다가는 뇌물공여죄로 곤욕을 치른다는 것이었습니다.

이런 일도 있었다고 합니다. 한국 기업의 한 직원이 지방에 현지 시장조사를 나갔다가 속도 위반으로 교통경찰의 단속에 걸렸다는 겁니다. 성질 급한 한국인답게 속전속결을 위해 그 자리에서 돈을 건넨 모양입니다. 한사코 거절하는 경찰과 실랑이 끝에 겨우 돈을 주었는데 몹시 난처해하던 경찰의 손이 심하게 떨리더라는 겁니다. 그 모습을 본 직원이 이런 나라라면 사업을 해도 괜찮겠다고 말했다더군요. 경찰이 뇌물을 두려워하는 나라는 안심할 수 있다는 거지요. 돈으로 해결하려는 한국인의 행태는 여전한데 르완다는 그렇게 달라지고 있었습니다.

르완다는 2003년 이후 연평균 7.5%의 경제성장률을 보이며 발전을 거듭했습니다. 한때는 아프리카 국가들 중 최고의 경제성장률을 기록하며 '아프리카의 기적'이라는 평가를 받기도 했습니다. 국회의원의 여성 비율 또한 49.9%(2013년)로 세계 최고입니다. 저개발국가는 물론 선진국에서도 그와 같은 비율을 보이는 나라는 찾아보기 힘듭니다.

현재 르완다는 인권 문제와 전범 처리 등 해결해야 할 여러 불안 요소들이 있고, 농업 외에 이렇다 할 성장동력이 없어 경제성장률이 예전 같지는 않지만, 변화와 발전의 길을 걷고 있습니다. 전에는 볼 수 없었던 희망을 보여주는 나라로 변신을 거듭하고 있습니다.

폴 카가메(Paul Kagame) 르완다 대통령은 자신이 추진하는 경제개발의 모델이 한국과 싱가포르라고 공공연히 이야기합니다. 부존자원이 없는데도 경이적 성장을 보여준 나라들이기 때문이라는 것입니다. 그는 정치인으로는 보기 드물게 자신이 거듭난 크리스천이라고 밝히기도 했습니다. 세계적인 베스트셀러 《목적이 이끄는 삶(The Purpose-Driven Life)》의 저자이자 미국에서 가장 영향력 있는 인물로 꼽히는 릭 워런(Rick Warren) 목사에게 자문을 구하는가 하면, 선교사들이 비자를 보다 수월하게 받을 수 있는 조치를 취해주기도 했지요.

아프리카의 조그만 나라 르완다의 지도자와 국민들이 보여준 놀라운 변화에서 저는 더 나은 미래를 기대해도 좋겠다는 생각을 갖게 되었습니다.

저는 르완다를 시작으로 케냐, 캄보디아, 아프가니스탄, 우간다 등에서 구호 및 개발 관련 일을 주로 해왔지만, 한편으로는 참된 신앙인으로서 부끄럼이 없기를, 사람들이 하나님를 통해 고통에서 해방되기를 기도하며 지냈습니다.

'선교란 무엇인가?'

지금까지 제가 놓지 않고 있는 화두입니다.

여전히 알 수 없는 의문이 불쑥불쑥 떠오를 때가 있습니다. 이것이라고 확신했다가도 아닐지도 모른다는 생각이 고개를 들곤 합니다. 그럼에도 현재까지 얻은 결론을 이야기한다면, 선교는 인간이 실천하는 특별한 일이 아니라 '모든 사람을 사랑하시는 하나님이 하시는 일'이라는 것입니다. 다소 진부하게 들릴 수도 있으나, 저는 아프리카와 아시아의 여러 나라에서 전쟁과 기근 등으로 척박해진 환경과 곤궁해진 사람들의 삶 속에서도 역사하시는 하나님을 보면서 이와 같은 결론에 도달하게 되었습니다.

하나님은 당신의 형상을 따라 우리 인간을 지으셨고 예수 그리스도의 희생과 부활을 통해 전 인류를 구원하셨습니다. 지구상에 태어난 모든 사람은 하나님의 자녀로 하나님이 사랑하는 존재이며, 하나님은 우리가 서로 사랑하며 살기를 원하십니다. 그에 맞게 묵상하면서 벌이는 활동이 선교의 궁극적 개념이 아닌가 합니다.

어린아이가 걸음마를 배우듯 살아가는 제가 아직도 '선교란 무엇인가?'라는 화두를 붙잡고 살아가게 된 이유는 또 다른 질문에서 비롯되었습니다.

일상에서 자주 듣는 2개의 질문이 있습니다. 하나는 '복음을 전하지 않고 구호와 개발에 종사하는 것을 왜 선교라고 하는가?'이고, 다른 하나는 '왜 구호와 개발을 하는데 선교라는 불순한(?) 동기를 갖고 하는가?'입니다.

교회에 다니시는 분들은 첫 번째 질문이 낯설지 않을 겁니다. 전통적으로 선교는 지상 교회의 외연을 확장하는 것으로 이해되었습니다. 복음이 전해지지 않은 곳에 교회를 세우는 것이 선교라는 정의가 오랫동안 공유되어왔습니다. 그러다 보니 설교나 성경 공부와 같은 방법론이 우선시되었고, 다른 활동들은 선교의 보조적인 수단 또는 선교의 본질에서 벗어난 사회사업 정도로 여기는 시각이 우세했습니다. 여기서 첫 번째 질문이 나오게 되었지요.

두 번째 질문은 조금 생소할 수도 있을 것 같습니다. 이해를 돕기 위해 모 일간지에 실린 저의 글을 읽고 올라온 댓글 하나를 인용합니다.

"처음 앞부분을 읽었을 때는 정말로 존경스러운 사람이라는 생각이었는데, 차츰 뒷부분으로 가면서 왠지 봉사에 대한 순수성이 의심스러워집니다. 혹시 봉사활동을 기독교 선교를 위한 하나의 방편으로 삼고 있는 것은 아닌지…. 순수한 인간애를 바탕으로 한 봉사였으면 더 좋겠습니다."

두 질문은 "네 이웃을 네 몸과 같이 사랑하라"고 하신 예수 말씀에 대한 편견과 오해를 보여줍니다. '네 이웃'이라고 했는데 그들을 '피선교인'으로 여기고 진정한 '이웃'으로 대하지 않는 교회와 교인이 적지 않습니다. 선교는 하나님의 사랑을 알고 전하는 일인데 말입니다. 반면에 세상은 인간애와 선교를 다른 것으로 이해하는 태도를 취합니다. 그래서 인도주의 활동은 좋지만, 선교는 불순한 의도를 지닌 행위라며 의심하고 배격하기까지 합니다. 사랑하는 일이 곧 선교인데, 그것을 이해하고 받아들이지 못하는 것입니다.

2006년 어느 날, 제 사무실 책상 위에 사진과 소견서가 놓여 있는 것을 보았습니다. 베나와 프리실라라는 두 소녀의 초음파사진과 심장수술이 필요하다는 의사의 소견서였습니다. 우간다에서 심장병은 사형선고나 다름없습니다. 마땅한 수술시설과 전문의가 없기 때문입니다. 시급한 조치가 필요했습니다. 특히 상태가 심각한 베나는 한시라도 빨리 수술을 받게 해야 했습니다. 그때 마침 저의 주일학교 선생님이었던 소아과전문의 전진곤 장로님이 우간다에 오셨습니다. 부탁을 드렸고 전 장로님은 한국으로 돌아가 베나의 심장수술을 도와줄 만한 병원과 단체를 알아봐주셨습니다. 나중에 들은 이야기이지만, 쉽게 생각하고 수락했다가 뜻대로 풀리지 않아 고생을 많이 하셨다고 합니다. 끝까지 책임지고 문제를 해결해준다는 게 얼마나 어려운 일인지 잘 알기에 너무나 감사했습니다.

이후 베나는 서울삼성병원, 기독공보, 심장재단 등 많은 분들의 도움을 받아 새 생명을 얻었고, 우간다에 귀국하여 그리던 학교생활을 계속하게 되었습니다. 성적이 우수하고 리더십도 있어 학생회 회장까지 맡았습니다. 베나는 우간다에서 여자아이도 소중한 가치를 지닌 존재이고 교육을 받을 권리가 있다는 것을 알리는 상징적 존재가 되었습니다. 남아선호사상이 팽배한 아프리카에서 여자아이들에게 큰 격려가 되었고, 부모들이 여자아이도 귀하게 키우는 계기가 되었습니다.

안타까운 사실은 프리실라를 구하지 못한 것입니다. 베나의 수술을 위해 동분서주하던 와중에 차례가 미루어진 소녀는 말라리아에 걸려 혼수상태가 된 후 이겨내지 못하고 사망하고 말았습니다.

제가 우간다를 떠나올 무렵, 베나가 거주하는 지역의 국회의원과 주민들이 우간다의 심장병 어린이들이 자국에서 수술을 받을 수 있도록 '어린이심장재단'을 설립하자고 나섰으며, 관련 법안 통과를 위해 노력하고 있다는 이야기를 들었습니다.

아프리카에서 주술사는 거의 신과 다름없는 존재입니다. 주민들은 그의 말을 전적으로 믿고 따릅니다. 주술사가 저주를 받아 죽었다고 하면 그런 줄로 압니다. 그런데 '저주를 받은 줄'로만 알았던 베나가 수술을 받고 생명을 찾은 모습을 눈으로 보게 된 주민들이 교회로 모여들었습니다. 그렇게 해서 세워진 교회들이 마을의 주민들과 협력하여 여러 지역개발사업을 시작하는 것을 보았습니다.

우간다에서 한 시골 소녀가 일으킨 기적과도 같은 변화는 많은 분들이 진심으로 도와주고 아껴주신 사랑의 결과입니다. 사랑이 선교이고, 선교가 사랑임을 확인시켜준 증거입니다. 저는 그 현장에서 역사하시는 하나님을 보았습니다. 하나님은 한 소녀의 삶에 개입하셔서 꺼져가던 생명을 살려내시고 미신이 난무하던 마을을 바꾸어놓으셨습니다. 하나님은 이처럼 우리 모두를 각자가 선 곳에서 부르시며 네 이웃을 네 몸같이 사랑하라고 하십니다.

"하물며 이 큰 성읍 니느웨에는 좌우를 분변치 못하는 자가 십이만 여 명이요 육축도 많이 있나니 내가 아끼는 것이 어찌 합당치 아니하냐"

제가 좋아하는 《성경》의 한 구절(요나서 4장 11절)입니다. 하나님의 관심과 사랑은 이렇게 세상 모든 생명을 향해 있습니다.

아프리카에
용서를 구합니다

아프리카는 제가 아내를 처음 만난 곳이고, 아이들이 태어나 자란 고향이며, 잘 몰랐지만 열정으로 가득차 있던 제 젊은 날의 대부분을 보낸 곳입니다. 그런데 이 땅과 이곳 사람들을 생각하면 마치 빚을 갚지 않은 사람처럼 죄책감이 밀려듭니다. 그들을 이해하지 못해 실망하고 힘들어했던 저 자신을 돌아보며 그들에게 용서를 구하는 마음으로 이 글을 씁니다.

어린 시절, 저는 아침 일찍부터 쓰레기 수거차량의 확성기에서 울려 퍼지는 '새벽종이 울렸네 새 아침이 밝았네 너도나도 일어나 새마을을 가꾸세'로 시작하는 '새마을노래'를 들으며 자랐습니다. 어느덧 그 노래를 아프리카에서 저도 모르게 마음속으로 부르며 살았던 것 같습니다. 그러다가 언제부터인가 제 노랫소리가 조금씩 낮아졌습니다. '해도 안 되는 일'이 있다는 것을 깨달았고 '해서는 안 되는 일'도 있다는 것을 알게 되었기 때문입니다.

한국의 개발 경험을 한마디로 축약하면 정부의 주도하에 산업을 육성하고 수출을 통해 경제개발을 추구하는 모델이라고 할 수 있습니다. 부족한 자원, 빈약한 기술, 전쟁의 폐허에서 출발한 한국의 경제발전 경험은 세계에서 기적적인 사례로 손꼽히기에 부족하지 않고 저도 자랑스럽게 생각합니다. 문제는 이러한 사례가 흔치 않다는 것이고, 더 큰 문제는 이 성공 사례를 다른 나라에 그대로 이식하려는 데 있습니다. 성공 신화 이면의 문제점들을 감춘 채 무조건 따라 하라고 하면 실패로 끝날 가능성이 높을 뿐 아니라 상대방을 열등감에 빠지게 할 수도 있습니다. 그들의 생각과 문화에 대한 깊은 이해와 소통을 우선해야 하는데, 너무 섣불리 다가가지 않았는지 저 자신을 반성하게 됩니다.

매일매일을 정신없이 바쁘게 살아가는 한국인들에게 나무 그늘 아래에서 유유자적하게 쉬고 있는 아프리카 사람들은 한가하다 못해 한심해 보이기까지 합니다. 가난한 사람들이 왜 저렇게 태평하고 게을러 보이는지 이해하기 어렵습니다. 그들의 모습을 어떻게 이해할 수 있을까요?

앞에서 잠깐 언급했지만, 아프리카 사람들은 아직 오지 않은 미래에 대해 크게 마음 쓰지 않습니다. 그들에게 시간은 과거로 회귀하는 것이며 불변하는 영원과 통하는 것입니다. 죽은 사람들도 그 영원의 시간 속에 살아 있다고 믿습니다. 그런 그들이 한국 사람의 눈에는 낯설고 이상해 보입니다. 시간관념을 찾아보기 어렵습니다.

아프리카에서는 모든 것이 느립니다. 누구도 시계를 쳐다보며 살지 않습니다. 자신만의 시계에 맞추어 움직입니다. 서로의 시계가 맞지 않으니 약속을 했음에도 불구하고 한 시간 정도 기다려주는 것은 전혀 문제가 되지 않습니다. 시간은 영원하고 언젠가는 너나없이 그곳으로 갈 테니까요.

제가 아는 아촐리(Acholi) 부족에는 아름다운 전통이 있습니다. 낮 동안 사냥과 농사일로 흩어져 있던 가족들이 저녁이면 모닥불 주위에 모여 앉은 가운데 할아버지가 손주들에게 전해 내려오는 부족의 전설과 자신이 기억하는 조상들에 대한 이야기를 들려줍니다. 아이들은 할아버지의 이야기를 들으며 앞으로 살아갈 세상을 이해하는 틀을 갖추어갑니다.

어떤가요? 내일을 생각하지 않는 아프리카인들의 시간관념이 여전히 후진성의 증거로 보이나요? 미래를 지향하지 않고 과거에 머물러 있는 데다 시간까지 제대로 지키지 않으니 가난의 굴레를 벗지 못하는 것이라고 말입니다. 한때는 저도 그렇게 생각했습니다. 하지만 그들과 생활하며 얼마나 섣부르고 오만한 생각인지 알게 되었습니다. 그렇게 수천 년을 살아온 사람들에게 제 딴에는 잘하는 것이라며 '보다 나은 미래'를 열심히 외쳤지만 알고 보니 그게 아니었습니다. 오히려 그들을 '못난 사람' 취급하며 계도의 대상으로 치부하고 개발에 박차를 가한 결과, 주인공이어야 할 그들을 소외시키고 주눅들게 만들고 말았습니다.

우리의 성공 신화는 분명 자랑스러운 역사입니다. 하지만 그런 만큼 조심스럽게 다루어야 합니다. 돈벼락을 맞은 졸부의 위세로 표현되어서는 안 됩니다. 지구상에서 산업화에 성공한 나라는 한 줌밖에 되지 않고 대부분은 실패를 거듭했습니다. 그들에게 우리는 부러움의 대상이 될 수 있을지 모르지만, 정답이 될 수는 없습니다. 우리의 방식으로 그들의 문제를 다 해결할 수 있다는 오만한 생각은 갖지 않았으면 좋겠습니다.

그들에게 한없이 미안하고 부끄러운 마음입니다. 소중하고 유일한 인생을 저의 얄팍한 개발 논리와 일천한 경험으로 휘저어놓은 것은 아닌지, 고의는 아니었으니 이해해달라며 변명이라도 늘어놓고 싶은 심정으로 반성합니다.

생각해보면 그들의 눈에 비친 우리의 모습도 자신 없기는 마찬가지입니다. 만약 아촐리 부족의 할아버지가 이렇게 묻는다면 우리는 뭐라고 답해야 할까요?

"그렇게 잘산다면서 왜 사람들이 살기 싫어하는 사회가 되었느냐?"

제가 내린 결론은 이것입니다. '진정한 대화'입니다. 개발도, 구호도, 인간관계도, 공동체의 문화도 진심 어린 대화를 통해 깊이 이해하고 협력할 때 온전한 발전을 이룰 수 있습니다.

어릴 적 본 영화 중에 〈이티(E.T.)〉라는 공상과학영화가 있었습니다. 특별히 기억에 남는 장면은 희한한 외모의 외계인 E.T가 긴 속가락을 뻗어 주인공 아이의 손가락에 갖다대며 대화를 나누는 모습입니다. E.T와 아이는 언어가 달랐지만 맞닿은 손가락으로 진정 어린 소통을 할 수 있었습니다.

저는 외계인도 아니고 단지 대륙을 건너간 것뿐인데 왜 그런 대화를 나눌 수 없었을까요? 그럴 듯한 논리와 우위적 사고에 매몰되어 그들 속으로 깊이 들어가지 못하고 단지 그들을 사업의 대상으로만 여겼기 때문입니다. 아촐리 부족의 아이들처럼 할아버지의 이야기와 지혜에 귀 기울여야 했습니다. 할아버지에게 용서를 구하며 열린 마음으로 다시금 분발할 것을 약속합니다.

승

이기적인 세상을
어떻게 하면 좋을까요?

- 선한 의도, 어긋난 결과

그가 찔림은 우리의 허물 때문이요

그가 상함은 우리의 죄악 때문이라

그가 징계를 받음으로 우리는 평화를 누리고

그가 채찍에 맞음으로 우리는 나음을 받았도다

|

이사야서 53장 5절

저는 기독교 가정에서 태어나 고등학교 시절까지 대구에서 자랐지만, 대학 진학을 위해 상경한 후 교회에 출석하는 '형식적인 일'을 그만두었습니다. 1980년대 중반 당시 거리시위에 나선 많은 시민들이 민주화와 사회정의를 요구하는 상황에서 침묵하는 교회는 시대의 부름에 응답하지 않는 허울이라 여겼지요. 교회들을 지나치게 일반화한 것인지도 모르지만, 제 눈에 비친 교회의 모습은 껍데기뿐이었고, 그래서 저는 오랜 신앙의 울타리를 벗어나게 되었습니다.

사회 변혁을 바라는 제게 현실적 대안은 카를 마르크스였습니다. 그가 설파한 연대와 평등의 이상이 저를 사로잡았습니다. 군사독재에 대한 분노와 인간의 굴레에 갇힌 듯한 답답함, 정의를 향한 갈망이 가득했던 제게 구원의 메시지처럼 다가왔습니다.

처음에는 사회구조를 바꾸면 불평등과 비리의 문제를 해결할 수 있으리라 생각했습니다. 스터디 모임을 통해 사회과학 서적을 읽으며 행동에 나서기도 했습니다. 그런데 우리보다 먼저 그런 시도를 했던 소련과 중국, 동유럽 국가들의 모습을 보면서 사회는 단지 구조를 바꾼다고 해서 사람들이 바라는 바람직한 방향으로 개선되지 않는다는 사실을 깨달았습니다.

그렇다면 도대체 무엇일까? 인간의 삶을 보다 근본적으로 규정하는 것은 무엇일까? 사회구조가 아니라면 무엇이란 말인가? 생각을 거듭하다가 문득 자본주의와 사회주의의 차이에 주목하게 되었습니다. 현실 사회주의는 몰락의 길을 걷는데, 자본주의체제는 건재한 이유가 뭘까? 자본주의경제의 핵심은 인간의 이기심을 적절히 활용한 시장의 메커니즘이고, 사회주의가 실패한 원인은 공공의 선보다 개인의 이익을 우선하는 이기심을 극복하지 못한 것이라는 데 생각이 미쳤습니다. 각 체제의 성공과 실패에서 증명되었듯 인간은 결국 이기적인 존재이고, 구조보다 우위에 있는 인간의 본성, 이기심이 모든 것을 좌우한다는 결론에 도달했습니다. 교과서의 가르침과는 반대로 세상을 움직이는 것은 타인에게 엄격한 굴레를 씌우면서 자신의 욕구를 충족시키려는 이기심이었습니다. 그렇다고 이기심을 수용하여 그에 따라 사는 것이 정답이라는 생각에는 동의할 수 없었습니다.

'나는 어떻게 나 자신의 이기심을 극복할 것인가?'

그 시절 저를 따라다니던 의문입니다. 저의 본성이기도 할 이기심을 넘어서는 길을 찾기 위해 고민했습니다. 그러다가 나름의 방법을 찾았습니다. 그동안 어쩌다 한 번씩 하던 헌혈을 정기적으로 해보자는 것이었습니다. 저를 시험하고 이겨보기 위한 개인적이고 현실적인 선택이었습니다.

가끔씩 할 때는 몰랐는데 알아보니 헌혈할 기회는 많았습니다. 학교 바로 옆에 병원이 있어 굳이 따로 찾아다니지 않아도 잠깐만 시간을 내면 되는 일이었지요.

병원에는 생각보다 심장수술을 받는 어린아이가 많았습니다. 학교 게시판에도 헌혈자를 급구하는 공고가 자주 붙었습니다. 제 혈액형인 AB형은 희귀한 편이어서 헌혈 기회가 많았습니다.

헌혈을 하고 나면 수술받는 어린이들의 부모님이 밥이라도 한 끼 사먹으라면서 당시로서는 제법 큰돈인 만 원짜리 한 장을 손에 쥐어 주시곤 했는데, 한사코 거절해도 종국에는 받을 수밖에 없었습니다. 사람 마음 간사하다더니 이런 일이 여러 번 있고 난 후 제가 달라졌습니다. 어쩌다 부모님들이 다른 헌혈자를 구하러 나가서서 받지 못하게 되면 왠지 허전하고 섭섭한 마음이 들었습니다. 여전히 보상을 바라고 있었던 겁니다.

졸업을 앞두고 고향 집에 짐을 보내려고 하숙방을 정리하던 날이었습니다. 책상 서랍 깊은 구석에 그동안 모아놓은 헌혈증서들이 차곡차곡 쌓여 있었습니다. 다른 누구에게도 알리지 않았지만 어쩌면 스스로에게는 인정받고 싶어 했는지도 모릅니다. 이 또한 또 다른 이기심의 발로였을 수 있습니다.

졸업 후 군에 입대했습니다. 재학 시절 ROTC과정을 이수하여 소대장이 되었는데, 소대원들에게 저의 이념을 주입해보자는 엉뚱한 생각을 했습니다. '능력에 따라 일하고 필요에 따라 분배한다'를 실천해보자는 것이었지요. 그 일환으로 장교로서 받는 봉급을 소대원들의 복지를 위해 사용했습니다. 소대 막사의 낡은 곳도 고치고, 커튼도 꽃무늬 천으로 해서 달고, 장판도 모노륨으로 바꾸어 제법 가정집 같은 분위기가 났습니다. 소대원들 체육복도 군에서 지급되는 단조로운 것에서 멋있게 디자인된 것으로 따로 만들었습니다. 자연히 소대원들의 사기가 오르고 노력하는 분위기도 생겨서 대대 전투력 측정에서 2년 연속 우승을 했습니다. 소대원들이 분발해준 덕분에 큰 상도 여러 번 받았습니다.

그러면서 저는 인간의 또 다른 면들을 발견하게 되었습니다. 일단 중대장님이 싫어하시더군요. 다른 소대들과의 균형이 깨진다는 거지요. 동료 소대장들에게 본의 아니게 피해를 준 셈입니다. 응당 있을 법한 일인데 당시의 저는 그런 상황을 예상할 수 있을 만큼 성숙하지 못했습니다. 주위로부터 고립되는 것에 힘들어만 했을 뿐입니다. 주변의 견제와 불평은 사단장님으로부터 직접 모범 소대장상을 받고 〈국방일보〉에 저에 관한 기사가 난 후로 잠잠해진 것 같습니다. 사람들도, 저도 현실로 받아들였던 거지요.

제대 무렵 제 마음이 한순간에 무너져내리는 일을 겪게 되었습니다. 상관이나 동료들 때문이 아니라 제가 아끼던 소대원 때문이었습니다. 소대 선임하사를 통해 그 이야기를 전해 듣고 얼마나 상심했는지 모릅니다.

제가 참석하지 못한 소대회식 자리에서 생긴 일입니다. 술 한잔씩 기울이다가 토론이 벌어졌는데, 주제가 '소대장은 과연 어떤 연유에서 이런 일들을 하는가?'였습니다. 이야기가 오가던 중 한 소대원이 인간의 이타성이라는 것도 결국엔 또 다른 차원의 극단적 이기심이라는 주장을 했답니다. 그의 요지는 테레사 수녀님이나 슈바이처 박사님 같은 분들도 남이 주는 보상은 필요 없었지만 자신이 선하다는 사실을 의식하며 자기를 위해 살았다는 것입니다. 저의 행동 역시 자신이 선하다는 생각에서 오는 만족감을 얻기 위해 소대원들을 이용한 이기심의 발로라고 말했답니다.

믿었던 소대원에게 당했다는 그 쓰라린 느낌은 이루 말로 할 수 없었습니다. 저의 행동이 그렇게 폄하될 수 있다는 사실에 엄청난 충격을 받았습니다. '결국 이기심을 극복하는 새로운 인간형의 출현은 불가능한 것 아닌가?' 하는 회의감이 몰려왔고, 인간들 사이에서는 본질적으로 사랑이 불가능하지 않은가 생각했습니다. 설령 선한 인간이 출현한다 해도 다른 인간들은 여전히 이기적인 해석을 할 수밖에 없을 텐데, 그렇다면 결국엔 사랑의 관계가 성립될 수 없다는 결론을 내리게 되었습니다. 절망적인 심정이었습니다.

'절대 선이 존재할 수 없다면 인간 사회는 만인 대 만인의 투쟁이 지배한다는 토머스 홉스의 견해가 정확한 고찰 아닌가? 강자가 경쟁에서 이기고 남들보다 더 소유하는 것이 왜 지탄받아야 하는가?'

적자생존과 약육강식이라는 정글의 법칙은 인간 사회에서도 진리라고 생각했습니다. 만약 그 결론대로 지금까지 살았다면 저는 아주 교활하고 지독한 사람이 되었을지 모릅니다. 승자가 되기 위해 수단과 방법을 가리지 않고 몸부림을 치고 있겠지요.

그런데 사실 그 이후 저에게 찾아온 것은 허무였습니다. 경쟁에서 이긴다고 한들 '참을 수 없는 존재의 가벼움'의 문제를 해결할 길이 없다는 것을 직감하게 되었습니다. 인생은 즐거움과 쾌락만으로 채워지지 않는다는 것이 너무도 분명해 보였습니다. 그렇게 의미를 잃은 삶은 암초에 걸려 좌초한 배처럼 참담했습니다.

제대 후 1년 반 넘게 무덤 속의 삶을 살았던 것 같습니다. 그 캄캄한 무덤에서 살아 걸어나올 수 있었던 것은 오롯이 하나님을 만난 은혜 덕분이었습니다.

지금은 훌륭한 목사가 되었지만 당시에 저처럼 방황하고 있던 친구와 연락이 닿아 함께 동해안으로 여행을 떠났습니다. 어느 폐가에서 하룻밤을 보내려고 여장을 풀고 저는 장작을 구하러 나갔습니다. 그사이 친구는 불을 지피려고 종이를 찾다가 제 배낭에서 어머니가 넣어둔 신문(국민일보)을 꺼냈고 성경통독수련회 광고를 보게 되었습니다. 친구는 가보자고 했고 저는 가기 싫다고 했습니다. 결국 친구의 설득에 넘어가 그곳을 찾아갔습니다. 어릴 때부터 《성경》을 접했지만 처음부터 끝까지 다 읽어본 적은 없기에 약간의 지적 호기심이 발동하기도 했습니다.

함께 《성경》을 읽어나가는데 시공간을 달리하는 저자들이 보이지 않는 신의 존재에 대해 놀라우리만치 일관된 견해를 보인다는 사실이 신기하게 다가왔습니다. 그러다가 '이사야서 53장'에 이르러 말로 표현하기 어려운 느낌을 받았습니다. 고난의 여정에서도 다른 이들의 무거운 짐을 기꺼이 대신 지고 죽음의 길로 묵묵히 걸어가는 이의 모습에서 처음으로 메시아의 의미를 깨닫게 되었습니다. 형언하기 어려운 감동과 충격이었지요. 이기심을 버리고 살아보려 노력할수록 오히려 이기적 본성의 무게에 짓눌려 방황하며 무기력하게 목숨만 연장하고 있는 것 같은 허무감에 시달려온 저에게 그 순간 그 말씀들이 가슴 깊은 울림을 주었습니다. 은혜와 생명의 말씀으로 저의 짐을 대신 져주시는 구원자가 계신다는 믿음에 새로이 눈을 뜨게 되었습니다. 얼마나 울었는지 모릅니다.

'누가복음 23장'을 보면 예수와 함께 십자가형을 받은 두 강도의 이야기가 나옵니다. 한 명은 예수를 향해 구원자라고 하면서 왜 죽어가는 우리를 구하지 않느냐며 힐난합니다. 그 질문은 기독교 가정에서 자란 제가 한국 사회를 바라보며 품었던 의문이기도 합니다. 전지전능한 분이 정말 계시다면 부정하고 부조리한 세상이 버젓이 굴러간다는 게 말이 되는가? 당시 저에게는 받아들일 수 없는 모순이었습니다.

그런데 다른 한 명의 강도는 죽음을 앞둔 똑같은 상황에서 자신이 죄인임을 인정하고 예수에게서 구원의 희망을 찾습니다. 인간으로서 마지막 순간을 맞이했지만 여기가 끝이 아니라는 예수의 말에 큰 감명을 받습니다. 이 구절을 읽는 순간, 온몸이 감전된 듯한 감동을 느꼈습니다. 하나님은 '고통 속의 우리와 늘 함께하시며 두려워하는 우리에게 희망을 버리지 말라고 이야기하신다'는 것을 깨닫고는 바닥에 엎드린 채 한참 동안 움직일 수 없었습니다. 그간의 의문이 풀리며 말로 표현하기 힘든 환희가 찾아왔습니다.

그날 이후로 저는 어떤 인생의 십자가도 결코 무겁게 여기지 않게 되었습니다. 누구나 죽음에 대한 두려움을 갖고 있지만, 죽음의 의미를 깨닫게 되면 두려움을 넘어 지금의 이 순간에 집중하면서 삶을 소중하게 여기며 살아갈 수 있겠다는 생각이 들었습니다.

구원의 사건 이후로 저는 더 이상 삶의 무게에 짓눌리지 않고 보다 자유하고 평화로운 상태가 되었습니다. 하지만 실존적 고민과 질문은 끝나지 않았습니다. 현실은 매번 다른 모양의 문제를 안고 제 앞에 파도치듯 닥쳐왔기 때문입니다.

아프리카에서 활동하면서 목도하게 된 참혹한 광경이나 실종된 인간성에 분노와 실망을 금치 못했습니다. 그럴 때마다 입은 상처는 깊었고 후유증은 오래갔습니다. 함께 활동하던 동료들도 별반 다르지 않았습니다. 결국 우울증을 앓다가 현장을 떠나는 사람도 생겨났습니다.

미국에서 온 딘 윈첼도 그랬습니다. 그는 저와 함께 구호팀의 보급 행정을 담당하던 동료였습니다. 당시에 저는 케냐 나이로비의 지원부서에서, 윈첼은 콩고민주공화국의 우비라(Uvira)라는 곳에 위치한 르완다난민촌에서 일하고 있었는데, 어느날 갑자기 사전 연락도 없이 휴가라면서 제 사무실에 나타났습니다. 그는 업무상 필요한 물자를 저에게 요청하고, 저는 요청받은 물자들을 구해서 그에게 보내는 일을 하면서 우리는 가까운 사이가 되었습니다.

하루는 그와 함께 저녁식사를 하고 나서 맥주를 마시게 되었습니다. 맥주를 좋아하는 그는 그날 따라 꽤 많은 양을 마셨고, 언제 취했는지 한숨을 푹푹 쉬기 시작했습니다. 그러더니 갑자기 하는 말이, 자신이 아프리카에서 무슨 일을 하고 있는지 모르겠다며 우비라에서 겪은 일을 들려주었습니다.

그가 우비라의 난민촌에서 일하고 있던 어느 날, 투치족 사람 하나가 후투족 난민들에게 붙잡혀 손발이 묶인 채 악어가 득실거리는 강에 던져졌다는 이야기를 들었다는 것입니다. 여러 차례의 내전으로 국경을 넘은 난민들의 경우 후투족과 투치족이 그리 멀지 않은 곳에서 살기도 했습니다. 그때(1994년)는 후투족 난민들이 대거 국경을 넘어 인근 국가인 콩고나 탄자니아로 몰려갔기 때문에 먼저 국경을 넘어와 있던 투치족 난민들을 포위하게 되는 상황이 벌어졌고, 내전의 혼란 속에서 가족과 재산을 잃고 절망에 빠져 쉽게 흥분하고 폭력적으로 변하기 일쑤였지요.

윈첼은 그 이야기를 듣고 처음에는 반신반의했답니다. 그런데 하루는 눈앞에서 벌어진 끔찍한 광경을 보고 아연실색해서는 공황 상태에 빠지게 되었습니다. 사람들이 모여 호각을 불고 함성을 지르며 줄을 맞추어 행진하고 있었는데, 선두에 나부끼는 깃발들 속에서 잘 려진 사람의 머리가 장대에 꿰어져 있는 것을 보고만 것입니다. 투치 족인지 후투족인지 모를 누군가가 처참히 희생된 것입니다. 사실 이 런 상황에서는 그가 어느 족 출신인지는 중요하지 않습니다. 단지 끓 어오르는 군중의 분노를 표출할 희생양이 필요한 것뿐이지요. 윈첼 은 숙소로 돌아온 후 심한 회의를 느꼈습니다.

'내가 머나먼 아프리카 오지에서 고생을 견디며 일하는 목적이 이 런 잔인한 사람들을 살려내기 위한 것이었던가?'

결국 윈첼은 정신적 충격과 회의감을 극복하지 못하고 휴가가 끝 난 후 사표를 내고 미국으로 돌아가고 말았습니다. 성격이 밝고 유머 가 풍부한 그가 나락으로 떨어진 인간들의 잔혹한 모습에 큰 상처를 받았던 것입니다. 하지만 저는 윈첼의 그런 마음을 헤아리지 못했습 니다. 하루하루 떨어지는 업무를 감당하기에도 바빠 깊이 생각할 겨 를이 없었던 거지요. 그의 심정을 이해하고 그와 관련된 문제를 고민 하게 된 것은 훨씬 나중의 일이었습니다.

우간다에 있을 때 이해하기 어려운 광경을 목격하고 엄청난 충격 을 받은 적이 있습니다. 우간다 동부, 케냐와 국경을 이루는 곳에 높 이 4,321미터의 엘곤산이 있습니다. 그 높은 산에 자리한 지역을 캅

초라(Kapchorwa)라고 부르는데, 예로부터 산이 험해서 외부와의 왕래가 거의 없다시피 했다고 합니다. 미국의 한 교회에서 이 지역의 피스와(Piswa)라는 마을의 아동들을 후원하고 있었습니다.

이곳에 사는 전통 부족의 이름은 사비니(Sabiny)입니다. 사비니족에게 여성할례라는 풍습이 남아 있어 매 짝수 해에 14~16살 정도의 여자아이들이 한꺼번에 성인식을 치릅니다. 12월 건기로 접어든 엘곤산 주변에서는 바나나잎을 흔들고 호각을 불며 요란하게 행진하는 일단의 무리들을 볼 수 있습니다. 맨 앞에는 성년이 될 남자아이들이 뛰고 있습니다. 남자아이들도 함께 성년식을 치르고 할례를 행하지만 위험성이 적어 크게 문제 삼지 않습니다. 위험한 것은 여자아이들의 할례의식입니다. 이 의식은 마을에서 은밀하게 행해지는데, 음핵을 잘라내는 과정에서 종종 과다출혈로 사망하거나, 신경을 다쳐서 평생 다리를 절거나, 소변을 제대로 조절하지 못하는 부상을 입는 아이들이 생깁니다. 음핵을 제거함으로써 성적 쾌락을 느낄 수 없게 만들어 불륜을 방지한다는 설명이 있지만, 책에나 나오지 현지 주민들 중에서 그렇게 이야기하는 사람은 아무도 없습니다. 그런 주장을 할 만한 남자 어른들조차 정확한 이유는 모르고 할례를 받지 않으면 여자아이들이 수치스럽게 생각할 것이라고만 대답합니다. 더 충격적인 것은 마을에서 할례의 전통을 고집하는 분들이 남자들이 아니라 여자들이라는 것입니다. 더 정확히 말하면 마을의 할머니들입니다. 면

여성할례 방지를 위한 입간판.

전통적으로 14~16살 여자아이들에게 치르는 성인식으로,

큰 위험성에도 불구하고 은밀하게 행해진다.

도칼을 들고 할례를 집도하는 사람도 할머니들입니다. 본인들도 수십년 전 경험한 고통과 공포의 의식을 손녀들에게 똑같이 시행하는 것입니다. 어떤 의미가 있는지도 모르는 채 말입니다.

아프가니스탄에서 받은 충격도 잊을 수가 없습니다. 전후 피해복구사업을 위해 파견된 그곳에서 저는 인간 이하의 취급을 받고 있는 현지 여성들의 현실을 마주하게 되었습니다.

평소처럼 식량을 분배하는 날, 트럭에 실린 포대더미 위에 앉아 분배 현장을 내려다보고 있는데 등 뒤에서 "상갈리"라고 부르는 여성의 음성을 들었습니다. 저를 부르는 소리였습니다. 아프가니스탄에서 저에 대한 호칭은 이름이 아닌 상갈리라는 별명이었는데, 제 이름에 '상'이라는 발음이 있어 그곳 스태프들이 지어준 것입니다. 상갈리는 다리(Darik)어로 자갈이라는 뜻입니다.

가끔 길거리에서 부르카를 뒤집어쓰고 총총걸음으로 지나가는 몇몇 여성을 본 것 외에는 여성을 만날 기회가 거의 없었던지라 깜짝 놀랐습니다. 소리가 나는 쪽을 돌아보니 그곳에는 사람들의 눈을 피해 몰래 저에게 접근해온 대여섯 명의 여성들이 옹기종기 쪼그려 앉아 있었습니다. 삼수딘이라는 직원이 그들과 저 사이에서 통역을 해주었는데, 목소리에 노한 기색이 역력했습니다. 그들은 오랜 전쟁 기간 동안 남편뿐만 아니라 장성한 아들들도 모두 잃어 식량을 구할 수 있는 노동력이 전혀 없는 분들이었습니다. 저는 그들에게 무상으로 식량을 배분해주겠다고 약속했고, 식량을 대신 수령할 대리인을 지정하면 그 사람을 통해서 식량을 전달하겠다고 말했습니다.

그날 저녁 삼수딘을 불러 낮에 통역하면서 화를 낸 이유를 물어보았습니다. 삼수딘은 사람들이 그렇게 많이 모인 공공장소에 여자들이 나타난 것도 용납하기 힘든데 외국인에게 얼굴을 내놓고 구걸하는 것이 수치스러워서 그랬다고 말했습니다. 아프가니스탄에서는 사람들이 많은 장소에 여성이 얼굴을 보이는 것은 있을 수 없는 일이라는 것입니다. 우리 기준으로 보면 길거리에서 여성들이 나체로 활보하는 정도라고 할 것입니다.

또 하나 의아했던 일은 제게 말을 걸어온 아주머니가 땅바닥에 쪼그려 앉아 이야기를 하는 모습이었습니다. 몇 번이나 일어나시라고 해도 꿈쩍도 하지 않은 채 말입니다. 삼수딘의 설명으로는 아프가니스탄에서 여자는 남자와 대등한 눈높이에서 이야기해서는 안 된다는 것이었습니다. 그 말을 듣는 순간, 아직도 지구상에 이런 일이 있는가 놀랐습니다. 너무도 열악한 환경에서 신음하는 여성들이 딱하고 안쓰러웠습니다.

한편으로는 저를 돌아보게도 되었습니다. 혹시 함께 살아가는 우리 여성들을 비하하고 무시하며 살아온 것은 아닌가.

저희 어머니는 아들 삼형제를 낳아 기르셨는데, 아들들이 어릴 때

부터 부엌에 들어가는 것을 엄히 금하셨습니다. "남자가 정지(부엌)
에 들어가면 불알이 떨어진다"고 하시면서 말입니다. 그래서 저는 요
리 하나 제대로 할 줄 모르는 남자가 되었습니다. 그뿐 아니라 요리
잘하는 남자들을 보면 순간적으로 저도 모르게 '남자가 오죽 못났으
면…' 하는 마음이 불쑥 들기까지 합니다. 요리하는 남자가 대세인 요
즘 시대에서 보면 한참 뒤떨어진 사람이지요.

여전히 우리나라에도 여성 차별적 인식과 문화가 존재합니다만,
아프가니스탄에서는 지나치게 억압적인 문화로 여성들이 사회에 나
올 수 있는 기회조차 얻지 못하고 있습니다. 어떻게 하면 좋을까요?
이들에게 보다 나은 삶을 보장하려면 어떻게 해야 할까요? 그들의 오
랜 전통과 문화, 풍습을 어떻게 바라보아야 할까요? 더군다나 그것이
한편의 사람들을 억압하는 굴레로 작용한다면?

어려운 문제입니다. 저와 같은 일을 하는 사람들에게는 더욱 그렇
습니다. 과연 개발과 문화의 관계를 어떻게 설정하면 좋을지 혼란스
러울 때가 많습니다. 무엇이 옳고 그른지 절대 기준이란 없으니까요.
문화는 개발에게 무슨 말을 할까요? 개발은 문화에게 뭐라고 말할까
요? 오늘도 제 머릿속에서는 둘의 대화가 이어지고 있습니다.

누가 더 가난하고, 누가 덜 가난한가

제가 일하고 있는 지역의 현지조사를 위해 MSF(Medecins Sans Frontiers, 국경없는의사회)의 직원들이 먼 길을 돌아 찾아왔습니다. 전에 저희 기관에서 작성해서 UNDP(유엔개발계획)회의에 제출한 '영양실태 보고서'에서 이 지역의 영양실조 상태가 심각한 것을 보고는 자신들이 할 수 있는 일이 무엇인지 알아보고 싶다며 방문한 것입니다.

스위스 출신의 팀장과 직원 몇 명이 랜드크루저 스테이션 웨건(현지의 험한 도로 사정으로 제가 꿈에서도 부러워하던 차)을 타고 저의 숙소 겸 사무실의 마당에 들어섰습니다. 아프가니스탄의 수도 카불(Kabul)과 포장도로로 연결된 도시 쿤두즈(Kunduz)로부터 160킬로미터 떨어진 차압(Cha-Ab)까지 온 것입니다. 쿤두즈에서 차압까지는 제대로 된 도로가 없기 때문에 어떤 지점에서는 강바닥을 도로로 이용해야 하는데, 몇 킬로미터의 자갈밭을 운전해야 합니다. 일반 차량으로는 올 수 있는 곳도 아니고 하루 종일 곡예운전을 해야 하는 험한 길이었습니다. 그렇게 고립된 외지에서 살다 보면 같은 일을 하고 있다는 이유만으로도 처음 보는 외국인들도 오랜 친구처럼 반갑습니다. 가지고 있던 모든 식품을 꺼내서 식사 대접을 하고 조사 작업을 도와주기 위해서 저희 직원들을 안내와 통역으로 내주었습니다. 며칠 동안 저희 사무실에 묵으면서 친해진 한 스위스 친구가 조사를 마치고 돌아갈 즈음 난민구호활동으로 살아온 자신의 경험을 무용담처럼 들려주었습니다. 그때 제가 생전 처음 들은 단어가 바로 'professional refugee(전문 난민. 난민생활에 익숙해져 고향으로 돌아가지 않고 구호품 등 각종 혜택을 쫓아다니는 사람)'입니다.

스위스 친구는 자신이 일했던 파키스탄의 한 난민촌에서 난민들이 혜택을 더 받기 위해 꾀를 부리는 이야기를 전해주었습니다. 그중 한 예는 한 가족이 마치 두 가족인 듯 위장하는 것이었습니다. 텐트를 2개 쳐놓고 가족의 절반은 한 텐트에서 살고 다른 절반은 다른 텐트에서 삽니다. 조사를 위해 나온 NGO나 UN의 직원이 있으면 아이들로 하여금 아버지는 잠시 장에 가셔서 어머니만 지금 혼자 계신다는 식으로 한 가정이 모두 있는 것으로 이야기합니다. 또 다른 텐트를 방문하면 그곳에서는 어머니가 어디론가 출타 중이라고 하는 겁니다. 물론 자녀들의 숫자도 조사원에게 들키지 않도록 입을 맞춥니다. 성공하면 한 가족이 두 가족분의 식량, 의복, 생필품 등을 받을 수 있지요.

이렇게 확보한 여분의 식량과 생필품을 시장에 내다 팔아 현금을 챙깁니다. 상황이 종료되거나 기타 이유로 난민촌이 더 이상 지원을 받지 못하고 해산하게 되면 또 다른 난민촌을 찾아갑니다. 그러고는 온 가족이 방금 국경을 넘어온 사람들처럼 행세하는 거죠. 그런 사람들을 professional refugee라고 부르는 겁니다.

속임수와 부정은 난민들에게서만 일어나는 일이 아닙니다. 구호와 개발 사업에 참여하는 현지 직원들에게서도 심심찮게 각종 비리를 발견하게 됩니다. 20여 년간 아프리카를 드나들며 현지인들에게 어떤 일이 도움이 될까 고민하며 살았던 저에게 가장 큰 상처는 그런 직원들을 제 손으로 해고해야 하는 것이었습니다. 우간다에서는 4년 동안 80명이 넘는 직원을 떠나보냈습니다. 그중에는 근무태만, 업무능력 부족, 불륜, 허위보고 등의 이유로 해고된 이도 있었지만, 상당수의 직원은 부정부패로 해고되었습니다.

더 심각한 문제는 그다음입니다. 공금에 손을 댄 직원들을 사법처리하여 일벌백계의 예로 삼으려고 했지만, 허사였습니다. 경찰, 검찰, 감사원, 부패방지위원회까지 직접 찾아다녔지만 횡령한 돈으로 부를 누리던 그들은 아무런 처벌도 받지 않았고 해고된 후에도 여전히 건재했습니다. 그들은 번지르르한 영어를 구사하고 그럴싸한 이력서를 만들 줄 아는 배운 사람들입니다. 그러니 저희가 고용한 것이지요. 지식과 기술이 있는 그런 이들 중에 병든 가치관으로 단체의 암적인 존재가 되어 기생하는 이들이 제일 큰 문제입니다. 배운 도둑놈이 더 무섭습니다. 그들은 해고 이후에도 아무런 제재를 받지 않고 다른 NGO나 외국계 기업을 전전하며 살아갑니다.

그 무렵 우간다는 세계은행(WB)으로부터 받은 원조기금에 대한 영수처리 문제가 심각하여 그해 원조기금이 대폭 삭감되는 수모를 겪었습니다. 그럼에도 부정부패는 여전했습니다. 그들에게는 '훔친 돈이라도 우간다에 머물면 애국이다'라는 생각이 만연해 보였습니다. 위로 정치인들부터 아래로 작은 단체의 말단 직원들까지 우간다로 보내어진 돈에 대한 그들의 생각에는 일관성이 존재합니다. 사회 통념이라고 하면 지나친 말 같지만, 분명히 지도자급에서부터 서민들에게 이르기까지 부정부패를 보는 시각은 비상식적으로 뒤틀려 있습니다.

저는 제가 벌인 부정부패와의 싸움이 몇몇 욕심 많은 개인을 상대로 한 것이 아니라 사실은 부패한 사회 전체라는 사실을 깨닫는 데 4년의 세월이 걸렸습니다. 제가 목도한 병적인 현상은 몸 전체가 병든 상태에서 일부 피부에 나타나는 반점에 불과했습니다.

무엇이 그들을 병들게 했을까요? 부조리한 사회나 기관의 문제일까요? 아니면 각 개인의 책임일까요? 어디에서부터 무엇이 잘못된 걸까요? 분명한 사실은 탐욕적인 인간의 본성이 밑바닥에 있다는 것입니다.

　다음은 공금횡령 혐의로 적발된 첫 직원인 알레기와 제가 나눈 대화 내용입니다. 해고는 하되 형사처벌은 받지 않도록 해주겠다는 약속을 하고 관련된 직원들에 대한 정보를 얻고자 했습니다. 그래서인지 그는 자신의 속내를 솔직하게 털어놓았습니다.

상훈: 왜 공금에 손을 댔는가?

알레기: 나만 그런 게 아니다. 빼낸 돈 중에서 상당 부분은 캄팔라 본부의 상급자들에게 상납했다. 위험하고 더러운 일은 내가 다 했다. 모두가 하고 있는데 나만 안 할 이유가 있는가?

상훈: 가져간 돈은 어디에 사용했는가?

알레기: 애들 학비 내고, 땅도 사고, 오토바이도 한 대 샀다. 다른 것들은 잘 기억나지 않는다. 어떤 놈은 고향에 아내 명의로 집도 한 채 지었고, 픽업 트럭도 사서 딸 명의로 해놓았다.

상훈: 불쌍한 아이들에게 가야 할 돈을 가로챈 일에 양심의 가책을 느끼지 않는가?

알레기: 그건 보기 나름이다. 아이들의 상황이 힘들고 어려운 것은 사실이다. 그러나 내 삶도 고단하고 가난하기는 마찬가지다. 우리는 당신 같은 무중구(외국인을 일컫는 말)들이 누구나 가지고 있는 자

동차도 없고, 전기와 물이 나오는 집에서 살아본 적도 없다. 누가 더 가난하고 누가 덜 가난한가? 우리 모두가 가난하다.

가난한 지역에 대규모 자원과 인력을 지원하는 것은 마치 인간의 몸에 단기간에 과다한 영양분을 주입하는 것과 같습니다. 인간의 몸이 들어온 음식을 적절히 소화하지 못하면 부작용이 생기고 비만이 되기도 하는 것처럼 인간 사회도 외부에서 들어온 영양분을 잘못 사용하기도 하고 소수에게 과잉 축적되면서 전체의 건강을 해칩니다. 외부로부터 들어오는 구호기금이라는 과잉 영양분의 폐해에 가장 먼저 노출되는 사람들은 해당 국가의 고위 공무원들과 UN, NGO의 현지 직원들입니다. 이유가 있습니다. NGO에 근무한다고 하면 개천에서 용이 난 것처럼 추켜세우며 고향의 친척들, 사돈의 팔촌까지 도와달라고 직원에게 손을 벌립니다. 하지만 정작 직원은 조직 안에서 자신과 무중구들을 비교하며 열등감과 상대적 빈곤감에 시달립니다. 여기서 문제의 욕구가 고개를 들게 되고 부정부패의 싹이 자라게 됩니다.

이런 일도 있었습니다. 우간다의 사무실에서 아동후원사업을 총지휘했던 사람의 횡령 사건입니다. 그는 리더십이 있고 영리하여 오랫동안 조직의 신뢰를 받아온 사람이었습니다. 그런 사람이 교묘한 방법으로 후원사업기금을 횡령한 것입니다.

당시 우간다는 북부 지역의 내전으로 후원사업이 제대로 진행되지 않는 경우가 발생했습니다. 아이들이 산지사방으로 흩어져 소재가 불분명해지거나 학교가 휴교 또는 폐교되기도 했습니다. 상황이 그렇다 보니 예산이 어떻게 사용되었는지 검증이 안 되어도 감사에서 어느 정도 감안해주곤 했습니다. 하지만 도저히 용납하기 어려운 일들도 발생했습니다.

제가 현지에 부임해서 살펴보니 분명히 사업보고서에는 직업학교가 완공되었다고 나와 있는데 실제로 가서 보면 짓다 만 건물이 있었고, 초등학교 2개를 건축하기로 해놓고 하나만 건축한 경우도 있었습니다. 초등학교 하나는 단지 서류에만 존재하는 유령 학교가 된 셈입니다. 처음에는 단순한 행정착오 아닐까 싶었는데, 알아보면 알아볼수록 허점이 한두 개가 아니었습니다. 심지어 없는 아이들까지 명단에 집어넣어 보고하기도 했더군요. 진상조사를 해보니 명백한 횡령이었습니다. 그것도 집단적 횡령이었습니다. 총책임자와 회계사들이 공모하여 소중한 후원금을 가로챈 것입니다. 그때 해고된 직원이 거의 20여 명에 달합니다.

어처구니가 없었던 것은 해고된 직원들의 반응이었습니다. 자신의 잘못을 인정하고 사과하는 직원도 있었지만, 억울하다며 부당해고로 고발하는 직원도 있었습니다. 총책임자의 말도 별반 다르지 않았습니다.

"어차피 아동후원금 전액을 우간다에 쓰는 것도 아니고, 너희 무중구들도 그 돈으로 먹고 살지 않는가. 다 먹고 살자고 하는 일이다."

너무 황당했지요. 어떻게 대꾸해야 할지 몰랐습니다. 그런네 시간이 지나면서 그의 말에도 일부의 진실이 있다는 것을 인정하게 되었습니다. 가난은 현실이고, 후원금 사용 문제에서 자유로운 사람은 아무도 없었으니까요.

매슬로의 욕구 5단계에 따르면 생존과 안전 등의 기본 욕구들이 충족되고 나서 가장 높은 단계인 자아실현 욕구가 생긴다고 설명합니다. 그러나 제가 보기에 욕구는 순서대로 단계를 밟는다기보다 그런 구분 없이 남들과 비교해서 남에게 있으나 나에게 없는 것을 발견하면 자연히 유발되는 것 같습니다. 우리는 그것을 상대적 빈곤감 또는 상대적 결핍이라고 부릅니다.

개발사업을 수행하면서 제가 가장 고민했던 부분은 사업의 추진력을 얻기 위해 상대의 빈곤감이나 결핍을 자극하고 있지 않은가 하는 것이었습니다. 현재의 상태를 불만족스러운 상태, 무언가 부족한 상태로 보게 하고, 남들에게는 있으나 나에게는 없는 것이 무엇인가를 강조함으로써 사업에 참여하게 만드는 것은 아닌지, 사람들의 참여와 변화를 이끌기 위한 것이라고 하지만 그게 과연 온당한 방법인지 수없이 고민했습니다. 인간으로서의 존엄성이 훼손될 만큼 열악한 환경에 처해 있다면 어떻게든 탈출할 수 있도록 도와야 하겠지요. 그러나 절대빈곤의 상황이 아니라면 어떨까요? 나름대로 만족하며 성실히 살아가는 사람들에게 보다 나은 삶이 있다며 현재에 안주해서는 안 된다고, 개발에 동참하라고 자극해도 되는 걸까요?

《오래된 미래》라는 책으로 잘 알려진 스웨덴의 문화인류학자 헬레나 노르베리 호지는 30여 년간 인도 북부의 라다크에 살면서 그곳 주민들에게 불어닥친 개발 바람과 그것이 미친 삶의 변화를 관찰하고 무엇이 인간을 행복하게 하는가에 대한 깊은 성찰을 보여줍니다. 우리 인간에게 진정한 행복이란 파괴되지 않은 환경 속에서 넉넉한 인심을 나누며 친밀한 관계를 유지할 수 있을 때 가능하지 않은가를 이야기합니다.

책의 제목이 암시하듯 인간이 살고 싶어하는 '미래'는 어쩌면 이미 버리고 떠나온 '오래된' 세계일지 모릅니다. 오래도록 유지해온 평화롭고 건강한 라다크 사람들의 공동체적 삶이 개발로 점점 파괴되어가는 모습에서 우리가 되돌아봐야 할 부분입니다.

누구를 위한 인도주의인가

옛날 이야기를 꺼내볼까요? 1997년, 르완다 내전 직후에 있었던 일입니다. 평소 친하게 지내던 선교사님 내외분, 그리고 그분들이 초대한 르완다 소령 가족과 함께 중국집에서 저녁식사를 하던 중이었습니다. 화기애애한 대화가 오가던 중 무심코 르완다 국경에 인접한 고마라는 지역의 난민촌에서 활동한 적이 있었다는 이야기를 했습니다. NGO 소속으로 난민을 돕기 위해 왔으며 현재는 전후 복구사업을 지원하는 일을 하고 있다고 말했습니다. 그 이야기 속에 '내가 불쌍한 너희 나라를 위해 이만큼 돕고 있다'라는 식의 자랑이 묻어났던 것 같습니다. 갑자기 소령이 얼굴에 불쾌한 표정을 짓더니 식사를 중단한 채 가족들을 데리고 나가버리는 것이었습니다. 당황한 제가 무슨 말실수를 했는가 싶어 이유를 묻자 소령이 말했습니다.

"당신 같은 사람들이 국경 밖에서 후투족을 먹여 살려놓았기 때문에 르완다의 이 지옥 같은 내전이 끊임없이 되풀이되는 것이다."

망치로 얻어맞은 느낌이었습니다. 머릿속이 텅빈 듯 아무 생각도 할 수 없어 한동은 멍하니 그 자리에 서 있었습니다. 나중에 알았지만 이와 같은 소령의 행동에는 나름의 이유가 있었습니다.

르완다는 벨기에의 식민통치 기간에 부족 간의 갈등이 깊어지는 바람에 1962년 독립 이후로도 몇 차례 내전을 치른 나라입니다. 그때마다 몇 만, 때로는 몇 십만씩 희생자를 내던 처참한 상황에서 1994년에는 다수족인 후투족이 소수족인 투치족을 몰살하겠다며 벌인 전쟁으로 100만 명 가까운 희생자가 발생하여 최단 기간 최대의 희생자를 낸 전쟁으로 기네스북에 오르기도 했습니다. 소령은 내전에서 승리한 투치족 출신이고, 제가 돌보았다고 말한 난민은 내전에서 쫓겨난 후투족들입니다. 나라 이름은 같은 르완다이지만 그 속에는 엄연히 정체성이 다른 두 부족이 생존을 건 투쟁을 하고 있었던 것입니다. 제3자인 저는 인종과 나라를 상관하지 않고 인간은 모두가 존엄성을 지닌 존재라고 생각하는 마음의 여유(?)가 있었겠지만 투치족 소령은 목숨을 걸고 싸워야만 하는 절박함 속에 살고 있었던 것입니다.

르완다만의 이야기가 아닙니다. 서로가 서로를 미워하고 총부리를 겨누는 일은 전 세계 곳곳에서 벌어지고 있습니다. 단군 이래 단일민족 운운하는 우리도 다르지 않았습니다. 1950년의 한국전쟁은 동족

간의 상잔으로 500만 명 이상의 사상자를 내어 2차 세계대전 이후 가장 많은 희생자를 기록했습니다. 그러고도 여전히 나라는 둘로 갈라져 전쟁 재발의 긴장과 위협 속에 살아가고 있습니다.

진리를 알지 못하던 젊은 시절에는 조건 없는 이타적 사랑의 실천이 가능할까 고민했다면, 진리를 따라 살아보고자 삶을 던졌던 그 시절에는 이타적 사랑이 존재한다고 해도 과연 받아들여질 수 있을까라는 고민에 빠지게 되었습니다. 정치와 경제적 이해관계가 복잡다단하게 얽혀 돌아가는 현실에서 과연 이타적인 사랑이 온전히 받아들여질 수 있을까요? 결국 인간이란 서로가 서로를 도우며 한마음으로 살아야 한다는 당위보다 현실을 내세우며 끊임없이 의심하고 조그만 구실로도 분열해서 살 수밖에 없는 존재가 아닌가 하는 생각이 들더군요.

르완다 소령과의 대화가 역사와 공간이라는 구조적인 차원에서의 고찰이라면 다음의 이야기는 개인적인 차원에서 인간의 본성에 대한 고찰입니다.

사람들은 아프리카에서 구호와 개발 활동을 하고 있다고 하면, 박애주의에 입각한 선하디선한 일을 하는 것이겠거니 생각합니다. 그러나 우간다에서 한 단체의 장을 맡고 있을 때 제가 가장 많은 시간을

써야만 했던 일은 바로 내부의 부정부패에 물든 현지 직원들을 색출
하고 내보내는 일이었습니다. 앞에서도 이야기했지만 그렇게 몇 년을
부정부패와 싸우다 보니 누구도 믿을 사람이 없이 홀로 외롭게 싸우
고 있는 듯한 느낌이 들 정도였습니다. 해고했던 우간다 직원과 단 둘
이서 터놓고 이야기했던 적이 있었는데 다음과 같은 말을 하더군요.

"너희 같은 무중구들은 우리 같은 사람들이 어떻게 살아가고 있는
지 모른다. 가난한 사람들을 돕는다고? 너희들은 가난한 사람들 도우
라고 보낸 돈으로 비싼 차를 타고 흙먼지를 일으키며 돌아다닌다. 너
희야말로 우리의 가난을 먹고 살아가는 사람이다. 우리에게 너희가
필요하다면 너희에게도 우리가 필요하지 않은가."

'너희에게 필요한 것은 우리가 아니라 우리의 가난'이라는 독설의
메시지가 가슴을 찌르듯 파고들었습니다. 처음에는 자기합리화의 궤
변으로 들렸지만 시간이 지날수록 어쩌면 그것이 반쪽이라도 현실을
그려낸 말일 수 있겠구나 하는 생각이 들었습니다. 저에게서 '자신들
을 도우러 온 이타적인 구호활동가'의 모습을 발견해주기를 원했지
만, 결국 저도 그들에게는 '무중구'일 뿐이었던 것입니다.

르완다에서도 함께 일하던 동료 술레만에게서 충격적인 말을 들었
습니다. 제가 곧 떠날 사람이어서 그랬는지 그는 허심탄회하게 이런
저런 이야기를 해주었는데, 그중 가장 저를 아프게 한 이야기가 있었
습니다.

"너희는 우리 르완다의 불행을 먹고 살아간다. 너희는 남의 나라의 비극을 알리고 그렇게 르완다를 위해 모금된 돈으로 이곳에 와서 사람들을 돕는다고 하지만, 가만 보면 너희들 스스로를 위해 사용하는 돈이 더 많은 것 같다. 그리고 모금된 전액을 르완다에 보낸다는 것을 믿는 사람도 거의 없을 것이다."

이렇게 괘씸한 말이 또 있을까요? 자기네 불행이 우리를 먹여 살린다고? 전혀 감사할 게 없다는 말 아닌가요?

저는 지금껏 소속 단체로부터 봉급이라는 것을 받아본 적이 없습니다. 개인적으로 후원을 해주시는 분들과 몇몇 교회에서 보내주시는 헌금을 생활비로 한 달 한 달 살아왔습니다. 게다가 당시 르완다는 전쟁통에 의사를 찾기 어려운 나라였기 때문에 출산을 앞둔 아내와 이제 돌이 갓 지난 훈희를 케냐 나이로비에 남겨놓고 혼자 와 있었습니다. 개인적으로 치르는 희생이 너무 크다는 생각을 하고 있어서 그랬는지 그 말이 그렇게 섭섭할 수가 없었고, 모욕감까지 느꼈습니다.

그런데 희안한 것은 시간이 지날수록 술레만의 비아냥이 제 가슴을 찔러왔습니다. 일부 단체들의 잘못된 관행을 보면서 그 말이 열등감 가득한 아프리카 사람들의 허튼소리만이 아니라는 것을 인정하지 않을 수 없었기 때문입니다.

인도주의를 '모든 형태의 구분과 차별을 초월하여 똑같은 인간으로서의 존엄성을 존중한다는 신념’으로 정의한다면 제가 하고 있던 구호활동은 무의미한 일이 아니어야 합니다. 그러나 실상은 그렇게 단순하지 않습니다.

역사적으로 지구상에는 수많은 국가들이 나타났다가 사라지기를 반복해왔습니다. 국가와 민족, 부족의 생사를 건 참혹한 전쟁을 통해 살아남은 사람들은 특수한 역사적 맥락을 갖게 되었고, 그로 인해 지금도 그들 간의 대립과 긴장은 지속되고 있습니다. 이런 상황에서 모든 것을 넘어설 수 있는 공평무사한 기준을 세울 수 있을까요? 그것이 인도주의라 할지라도 말입니다. 인도주의가 우리에게 무엇이 정의롭고 윤리적인 일인지에 대한 절대적 판단 근거가 되어줄 수 있을까요?

고향보다
난민촌이 좋아요

막다른 골목에 들어선 듯한 저는 탈출구가 필요했습니다. 그러던 중 개발 분야에 대해 공부하는 사람들이 많은 미국의 학교로 가게 되었습니다.

처음부터 유학을 가야겠다는 생각을 했던 것은 아닙니다. 3년 임기를 마치고 귀국했는데 그다음엔 무엇을 하며 살아야 할지 몰라 한동안 고민에 빠져 있었습니다. 미혼일 때와 달리 아이가 둘이나 있는 가장이고 보니 진로의 선택지가 그리 많지 않았습니다. 그렇다고 부모님이 강권하다시피 하는 신학교에 들어가고 싶은 생각도 없었고요. 그때, 르완다에서 함께 일했던 사라 시울카라는 미국 동료가 저의 안부를 묻는 이메일을 보내왔습니다. 그녀는 코넬대 대학원에서 개발 관련 공부를 하고 있었는데, 제가 앞으로 뭘해야 할지 잘 모르겠다고 하니 르완다에서 쌓은 경험을 바탕으로 관련 공부를 해보는 것이 어떻겠느냐는 제안을 하는 것이었습니다. 처음에는 가족이 있는 사람이 유학을 한다는 게 엄두가 나지 않았지만 공부를 하면 뭔가 다른 그림이 보일 것 같기도 하고, 일을 하면서 늘 부족함을 느꼈던 터라 잘하면 필요한 지식과 기술을 얻을 수 있겠다는 기대가 생겼습니다.

또 다른 동기도 작용했습니다. 비상시의 구호활동보다 장기적 관점에서 사람들의 실질적 삶의 향상에 기여하는 '개발(development)'에 뛰어들어보고 싶다는 마음이 생겼습니다. 전쟁과 천재지변의 비상 상황에서 일하는 구호활동가의 삶은 가정을 가진 사람이 지속적으로 감당하기가 어렵습니다. 그에 비하면 개발사업은 비교적 안정적이고 현지인들에게 임시처방이 아닌 실질적 도움을 줄 수 있겠다고 생각했습니다. 그래서 미국 뉴욕의 컬럼비아대 국제학대학원을 지원하게 되었습니다.

대학원에서 저는 '저개발국가의 정치·경제·사회에 대한 연구와 개발의 이론과 실제'를 공부했습니다. 공부를 마치고 나서 돌아갈 곳은 아프리카라 생각하고 아프리카지역학을 부전공으로 선택했고요.

그런데 누구에게나 다 좋은 일은 없는가 봅니다. 저 자신의 변화를 위해 노력한 2년이 아내에게는 무척 길고 고달픈 시간이었다고 합니다. 지금까지도 우리 가족이 가장 가난하게 살았던 시절로 기억하니 말입니다. 하기야 추운 겨울인데도 아이들에게 외투 하나 사줄 돈이 없을 정도로 힘들게 살던 시절이었습니다. 어떻게든 빨리 끝내고 미국을 떠나는 것이 유학생활의 목표 아닌 목표가 되었습니다.

공부에서도 원하는 결과를 얻지 못했습니다. 개발에 관한 다양한 이론과 사례를 접했지만 '바로 이거야!'라고 할 만한 해답이 보이지 않았습니다. 서로 다른 특수한 상황들이 얽혀 있는 개별 국가에 '결론은 이것이다'라고 주장하면 그에 대한 반론도 나오기 마련이어서 더 혼란스럽기만 했습니다. 단적인 예로 연구가 제법 많이 이루어진 한국의 경제개발 사례조차 학계에서는 일반화하기 어려운 특수 사례로 받아들일 뿐입니다. 대학원의 어느 교수도 한국의 모델을 아프리카에 적용해야 한다고 가르치는 분은 없었습니다.

대학원을 마치고 가장 먼저 찾아온 기회는 당초 원했던 개발사업이 아니라 아프가니스탄의 전후 피해복구사업이었습니다. 생전 처음으로 접해보는 이슬람문화권의 나라에 외국인이라고는 달랑 저만 있는 오지에서의 생활이었습니다. 저와 함께 잘 다니던 운전수 카심은 운전을 하다가도 기도 시간이 되면 차를 세우고 작은 돗자리를 깔고 엎드렸습니다. 저는 차 그늘에 누워서 기도가 끝나기를 기다리곤 했습니다.

한편으로는 그런 환경이 한국이나 아프리카에서 가져보지 못했던 생각의 기회를 주기도 했습니다. 문화를 개발이라는 맥락 속에서 살펴보게 된 거지요. 처음 아프리카에 갔을 때에는 새로운 문화권에 떨어져 살면서 문화적 충격을 겪기도 했지만 빡빡한 업무와 익숙치 않은 영어 때문에 깊게 생각해볼 여유가 없었습니다. 그런데 그 생활도 어느 정도 익숙해진 시기여서 그랬는지, 아니면 혼자 24시간 아프가니스탄 사람들 속에 파묻혀 사는 생활이어서 그랬는지 문화라는 요소를 유심히 관찰할 수 있었습니다.

제가 담당하던 프로젝트 중 하나는 'FFW(Food for Work)'라는 식량보급사업이었습니다. 제가 있던 곳은 인구 약 5만 명의 차압이라는 지역인데, 처음에는 러시아를 상대로, 이후에는 탈레반 정권에 맞서 총 20여 년간 전쟁을 치루었습니다. 그래서 전쟁 중에 남자를 잃지 않은 가정이 거의 없었습니다. 사무실에서 전통 음식인 카불리 팔라우 또는 케밥으로 직원들의 식사를 준비해주던 요리사 하미드도 전투 중 입은 수류탄 부상으로 한쪽 다리를 절었고 옆구리에는 파편들이 박혀 있다고 했습니다.

다른 마을에서 차압으로 들어오는 길이 너무 좁고 경사가 가팔라 길을 넓히는 작업을 FFW 프로젝트의 일환으로 진행하고 있었습니다. 동시에 진행되는 50여 개 이상의 사업장들을 모두 가볼 수는 없어 이따금 한두 곳을 지정해서 갑자기 나가보곤 했습니다.

하루는 산길을 넓히는 작업 상황을 확인하러 갔다가 마을 사람들 중 몇몇이 길을 가로막고 있는 암석에 구멍을 내어 105밀리 포탄을 밀어넣고 있는 장면을 목격했습니다. 전쟁을 오래하다 보니 마을 주민들도 폭발물에 대해 지식을 습득하게 되었나 봅니다. 포탄 탄두를 돌려서 빼고 그 안에 전기식 뇌관을 삽입한 후 전선을 끌고 가서 격발 장치에 연결하려던 참에 제가 그 광경을 보게 된 것입니다. 포탄을 그런 식으로 터뜨릴 수 있다는 것을 처음 알았습니다. 그런 식으로 암반을 제거하는 것이 곡괭이로 찍어내는 것보다야 훨씬 쉽겠지만 군 시절 화력 시범에서 봤던 105밀리 야포의 위력을 생각하니 정신이 아찔했습니다. 한사코 말리는 저를 그 시골 사람들은 웃으면서 멀리 물러나서 구경이나 하라고 떠밀었습니다. 결국 그들은 포탄을 폭파시켜 암석을 제거하고 길을 넓혔습니다. 아프리카에서 일하면서 보지 못했던, 어떻게든 목적을 달성하려고 하는 책임감과 전쟁 속에서 단련된 강인함을 보여준 차압 주민들의 모습이 지금도 선하게 떠오릅니다.

FFW는 대략 다음과 같이 진행되었습니다. 도로, 교량, 제방, 학교 등과 관련한 이슈를 놓고 마을 주민들이 회의를 통해 함께 추진할 작업을 결정합니다. 작업에 필요한 공구와 재료는 저희 단체에서 공급하고 참여하는 사람들에게 약속한 분량의 식량을 배급하는데, 10일 단위로 노동하고 배급을 타가는 식이었습니다.

1998년, 남부 수단의 기근 현황을 조사해오라는 지시를 받고 남수단의 톤즈(Tonz)라는 지역에 경비행기를 타고 들어가 10일 정도 지낸 적이 있습니다. 톤즈는 고 이태석 신부님의 활동 지역으로 잘 알려져 있는데, 2000년부터 활동하셨다고 하니 제가 먼저 그곳에 들어간 셈입니다. 도착하자마자 매우 척박한 땅이라는 느낌부터 확 들었습니다. 사방 어디로도 차가 다닐 만한 길이 없는 오지 중 오지였습니다. 사람 키보다 큰 풀이 빽빽한 초원에 경비행기가 겨우 착륙할 수 있는 짧은 활주로만 있었습니다. 텐트에서 생활하며 제대로 씻지도 먹지도 못해 지쳐 있던 저는 활주로에 퍼질러 앉아 케냐에서 오기로 한 경비행기를 목이 빠져라 기다렸습니다.

그때 동네의 한 청년이 다가오더니 대뜸 케냐로 데려가 달라고 생떼를 쓰기 시작했습니다. 처음에는 너무 고립된 지역이라 큰 세상을 보고 싶어 하는 것이겠거니 생각했는데 그게 아니었습니다. 청년은 이미 기근 때문에 케냐까지 걸어서 국경을 넘어 난민촌에 살았었고, 이후 UN의 송환 프로그램, 즉 난민귀환사업으로 고향으로 되돌려 보내진 사람이었습니다. 왜 난민촌으로 돌아가고 싶은지 이유를 물으니 참으로 어처구니없는 답변이 돌아왔습니다.

"지루해요…."

청년이 고향을 벗어나고 싶은 이유는 배가 고파서가 아니었습니다. 난민촌에서는 힘들게 일하지 않아도 먹을 것이 나오고 또래 친구들과 사귈 수 있고 축구 시합도 하며 즐거운 시간을 보낼 수 있었는데 고향에서는 더 이상 그런 것들을 누릴 수 없다는 것이었습니다. 그 이야기를 듣고 저는 지난 3년간 난민구호팀에서 행한 사업들이 난민들에게 청년과 같은 나태한 정신과 의타심을 심어주고 있었던 것은 아닌가 하는 회의가 들었습니다.

그런 상황을 만들지 않으려고 만들어진 프로그램이 FFW입니다. 그런데도 취약점은 어쩔 수 없었습니다.

FFW의 식량분배는 일정 단위로 이루어집니다. 밀가루 1포대, 식용유 2통, 콩 3깡통 등으로 분배합니다. HDR(Humanitarian Daily Ration, 일일구호식량)나 RDC(Recommended Daily Calorie, 일일권장 칼로리)에 맞추어 지급하거나 노동자의 하루 품삯을 계산하고 그에 따라 저울로 재어 덜어내고 더하는 일은 현실적으로 불가능합니다. 1,000명이 넘는 사람들이 줄을 지어 기다리는데 일일이 따져서 분배하다가는 몇날 며칠이 걸릴지 모릅니다..

10일 동안 일한 대가로 식량을 분배하는 날에 생긴 일입니다. 식량 창고 앞에 세워둔 트럭 위에 올라 분배가 제대로 이루어지는지 살펴보고 있었습니다. 그런데 그날 한 무리의 사람들이 직원들에게 거세게 항의하는 소동이 일어나 결국 분배가 중단되는 사태가 벌어졌습니다. 직원들은 먼저 창고의 문을 닫고 혹시 모를 폭력에 대비해 손에 막대기를 들었습니다. 긴장감이 팽팽한 가운데 저와 주민 대표가 일대일 면담에 들어갔습니다. 그들의 주장은 작업하는 동안 며칠씩 나오지 않은 사람들이 있는데 똑같은 양의 식량을 분배하는 것은 부당하다는 이야기였습니다. 열흘간 꼬박 일한 사람과 그렇지 않은 사람을 똑같이 대우하는 것은 공평하지 않다는 거지요. 타당한 말이고 정당한 요구였습니다. 하지만 현실은 그렇지 않았습니다. 작업일수에 맞게 지급하기란 여간 복잡하고 어려운 일이 아니기 때문입니다. 그렇다고 이치에 맞는 그들의 말을 외면할 수도 없는 노릇이었지요. 절로 한숨이 나왔습니다. 결국 저와 주민 대표는 오랜 면담 끝에 이번에 한해 똑같이 분배하되 다음부터는 결석할 경우 더 이상 나오지 못하게 하고, 식량을 받고 싶으면 기다렸다가 다음 주기가 돌아올 때 신청할 수 있게 한다는 합의에 도달하게 되었습니다. 물론 완전한 해결책은 아니지요. 저마다의 이유로 사정을 호소하거나 부당하다는 항변이 나오게 됩니다.

세상에 완벽한 프로그램은 없습니다. 구호와 개발 사업의 한계성 때문만이 아닙니다. 인간이 무리지어 사는 사회에는 항상 불평등의 요소가 존재하게 마련이고, 인간의 이기적 본성은 선의로 행한 일이라도 왜곡시킬 수 있는 힘을 지니고 있기 때문입니다.

우리는 집을 지었고,
그들은 허물었다

인간은 태어나서 죽을 때까지 자연 속에서 살아가며 많은 것을 깨우치게 됩니다. 인간이 문명을 일으키고 우주에 탐사선을 보낼 정도로 과학기술을 발전시켰다고 하지만 엄밀히 말하면 자연을 세밀히 관찰하여 깨달은 이치들을 활용한 것입니다. 자연이야말로 위대한 스승인 셈입니다. 사람들이 모여 사는 사회도 자연의 이치를 따릅니다.

나무 열매가 땅에 떨어지면 씨앗이 싹을 틔우고 자라 또 한 그루의 나무가 되고 열매를 맺습니다. 이는 나무와 땅이 서로 맞기 때문입니다. 지역개발사업도 마찬가지입니다. 그 땅에 적합한 사업을 전개해야 좋은 열매를 얻을 수 있습니다. 땅의 성질에 따라 수종을 바꾸고 공급할 양분의 양과 질도 다르게 해야 합니다.

제가 이 말을 꺼내는 이유는 우리가 변화라는 열매를 바란다면 씨를 심기 전에 땅의 상태를 살펴보는 것이 당연한 일인데도 불구하고 그것을 무시하고 일을 무리하게 추진하는 경우가 적지 않기 때문입니다.

1997년 르완다에 파견되었을 때 제가 속한 단체는 주택보급 프로젝트의 막바지 작업을 진행하고 있었습니다. 난민들이 본국으로 귀환했을 때 살 집들을 건축하는 것이었습니다. 마침내 프로젝트가 완료되었습니다. 질서정연하게 줄을 맞추어 지어진 집들은 시멘트로 깨끗하게 마무리되어 있었고 지붕과 창문도 아주 산뜻했습니다.

어느 날 저녁이었습니다. 르완다인 동료 술레만의 초대를 받아 그의 집에 갔습니다. 어느 나라에서나 마찬가지지만 아프리카에서도 자기 집으로 식사 초대를 한다는 것은 큰 호의이고 그만큼 속을 터놓고 지낼 정도로 가까운 사이라는 의미이기도 합니다. 우리는 저녁을 먹고 차를 마시며 이런저런 대화를 나누었습니다. 이슬람교를 믿는 술레만은 술을 마시지지 않았지만 밤늦게까지 이야기가 계속되자 저희 단체에서 건축했던 그 마을에 대한 이야기를 꺼냈습니다. 사업이 종료된 지 1년이나 지났고 르완다에서 저의 임기가 끝나갈 무렵이었습니다.

술레만은 자신은 NGO에서 시키는 대로 일하고 생계를 이어가는 사람이지만 참 어처구니없는 일을 하고 있다는 뉘앙스의 말을 했습니다. 의외였습니다. 저는 깨끗하게 마무리한 주택복구사업이 왜 문

NGO에서 보급한 주택.

처음 지어졌을 때만 해도 깨끗하고 산뜻한 느낌을 주었다.

제가 되느냐고 물었습니다. 술레만은 그 마을은 이미 유령 마을이 되었고 살고 있는 가구도 얼마 되지 않는다고 했습니다. 분명히 우물까지 파서 식수 문제도 다 해결된 마을에 왜 사람들이 살지 않는다는 것인지 도무지 이해할 수 없었습니다.

술레만의 설명은 이랬습니다. 르완다는 내전 이후 소수 부족인 투치족이 다수 부족인 후투족을 지배하는 상태였는데, 정부에서 전후 주택복구사업을 하는 NGO들에 도로 가까운 곳에 주택을 짓도록 지시했다고 합니다. 그래서 저의 소속 단체도 도로에서 멀지 않은 위치에 USAID(미국국제개발처)에서 받은 200만 달러가량의 예산을 투입해서 마을을 건설했습니다. 저는 완공된 건물들을 보며 도로를 따라 순찰차량이나 병력이 적잖이 오가는 곳에 살게 한다는 것이 생활환경상 좋아 보이지는 않았지만 거주하는 데는 큰 문제가 되지 않으리라 생각했습니다. 그런데 아니었습니다.

술레만에 따르면 르완다 사람들은 고도가 높은 산등성이 쪽에 집을 짓는다고 합니다. 아래쪽은 습지가 가까워 말라리아 모기나 각종 질병에 쉽게 노출되기 때문에 꺼린다는 것입니다.

콩고로 넘어가 난민촌에 살다가 돌아온 마을 주민들은 처음에는 우리 단체가 지어준 주택에 살았습니다. 그런데 얼마 안 가 예전에 살던 고지대로 다시 옮겨가서 진흙과 초가지붕을 얹은 전통적인 집을 지어 살기 시작했습니다. 그 과정에서 우리가 공급한 주택의 여러 자

재들을 뜯어다가 사용했습니다. 벽돌, 슬레이트, 목재 등 건축에 필요
한 재료들이었는데, 어차피 아무도 살지 않을 주택에 그냥 놔둘 이유
가 없었겠지요. 돈이 되는 철제 창문틀은 뜯어서 시장에 내다 팔았습
니다. 듣고 있자니 저도 모르게 한숨이 나왔습니다.

술레만의 해설은 점입가경이었습니다. 르완다 정부는 의도한 대로
NGO들의 군기를 잡아서 좋고, NGO는 큰 기금을 받아 행정비를 벌
충하고 장비와 차량 등을 살 수 있어서 좋고, 자금을 지원한 기부자도
찍어서 보낸 사진을 보며 보람을 느끼고, 주민들은 귀향 후 임시 거처
로 활용하다가 새로 지을 집의 재료를 얻고 일부는 시장에 내다팔아

철문을 빼내려고 시도한 흔적.

그렇게 마을은 사람들이 살지 않는 유령 마을이 되었다.

돈을 벌 수 있으니 이해관계자들 중에서 불만을 갖거나 문제를 제기할 사람이 있겠느냐는 것이었습니다. 평소에는 말이 없던 사람이 그때는 무슨 생각이었는지 물어보지도 않은 이야기들을 넋두리처럼 늘어놓더군요.

주택복구 프로젝트가 끝난 후, 정확하게는 보고서가 작성된 후 누구 하나 현장에 가서 확인하는 경우는 없었습니다. 그렇다면 술레만이 말해준 그 모든 일들은 크게 신경 쓸 일이 아닙니다. 주민들 외에는 아는 사람도 없고 혹시 알았더라도 관심을 가질 사람은 아무도 없으니까요.

세상일이 그렇습니다. 선한 의도와 돈이 모든 것을 해결해주지는 않습니다. 여러 요인들이 얽히고설켜 있는 데다 예기치 않은 부정과 비리가 개입되면 전혀 생각지 못한 방향으로 굴러가게 되지요.

개발의 파도에
떠내려간 사람들

북부 우간다는 반군과 정부군 사이의 20년간 내전으로 자연도 사람도 황폐해질 대로 황폐해져 있었습니다. 주민들은 정부군의 반군 소탕을 위한 청야전술(淸野戰術. 적군이 이용할 만한 시설이나 물자 등을 없애는 전술)로 고향을 떠나 난민촌을 이루고 살도록 강제되었습니다. 휴전이 이루어지고 지역이 안정되면서 고향으로 돌아가도 좋다는 허락이 떨어지던 무렵, 제가 우간다에 부임하게 되었습니다.

제가 소속된 단체는 USAID의 자금 지원을 받아 고향으로 귀향하는 사람들을 위한 '종자와 농기구 보급사업(Seeds & Tools)'을 실시하게 되었습니다. 사람들 대부분이 농부들이었기 때문에 고향에 정착하기 위해서는 재정착 지원물품이 필요했습니다. 모든 것을 잃어버린 사람들에게는 자그마한 것 하나라도 귀할 수밖에 없습니다. 그 중에서 우리 단체는 귀향민들이 농사를 다시 지을 수 있도록 종자와 농기구를 보급하는 일을 맡았습니다. 누가 봐도 시급한 필요를 채우는, 막중하고 필수적인 사업이지요.

1차 사업을 끝내고 그다음 파종기에 대비하려고 같은 내용의 2차 사업을 준비하는 단계에서 현장 책임자인 메셀레가 저를 찾아왔습니다. 에티오피아인인 그는 전쟁으로 황폐한 지역에서 1차 사업을 성공적으로 수행해준 일꾼 중 일꾼이었습니다. 특히 직원들의 애로사항을 세심하게 살피고 현지 주민들의 삶에 대해서도 깊이 생각할 줄 아는 인격을 갖춘 사람이었습니다.

메셀레가 지적한 문제는 사업을 하면서 본의 아니게 우리 단체가 한 일 때문에 피해를 보는 사람들이 있다는 것이었습니다. 전혀 생각지 못한 일이었습니다. 아무것도 없이 귀향하는 주민들에게 종자와 농기구를 보급하는 일 때문에 피해를 입는 사람들이 있다?

이야기인즉슨 전쟁 전에 그 지역에서 대대로 농기구를 제작해온 대장장이들이 있었는데, 이제는 삶의 터전을 잃고 지역을 떠나고 있다는 것이었습니다. 당시 우리 단체는 총 3,800여 가구에 농기구를 지급했습니다. 쟁기, 삽, 곡괭이 등 철제 농기구들을 수도 캄팔라의 도매상으로부터 사들여 먼 거리를 트럭으로 운반해서 수혜자들을 일일이 확인하며 나누어주었습니다. 아프리카에서 대량으로 싸게 구할 수 있는 농기구들은 대부분 '중국제(Made in China)'입니다. 우리 단체가 나눠준 농기구도 당연히 중국 제품이었습니다. 아프리카에서 중국 제품의 가격경쟁력은 절대적입니다. 중국인들이 만들 수 있는 물건은 다른 나라가 가격으로는 도저히 경쟁할 수 없습니다. '세계의 공장'인 중국이 시장에 미치는 영향은 비단 아프리카의 현상만은 아닐 것입니다.

저는 그 말을 듣고 아차 싶었습니다. 그렇다고 해서 마땅한 해결책도 없었습니다. 그런데 메셀레는 2차 사업에서 지급할 전체 농기구 중 일부를 현지 대장장이들에게 주문하자고 했습니다. 달갑지 않은

난민촌에 있다가 귀향하는 사람들이 정착할 수 있게
종자와 농기구를 분배하고 있다.

제안이었습니다. 언뜻 생각하면 어려운 일도 아닌 것 같지만, 아프리카에서 가내수공업으로 제작하는 물건들의 품질을 잘 알고 있는 데다 납기를 제때 맞추리라는 보장이 없기 때문입니다. 개인적 편견이나 비하가 아닙니다. 아프리카에서 살아본 사람이라면 그들의 생활방식이 효율성과 거리가 멀다는 것을 부인하지 못할 겁니다.

거부감이 든 이유는 또 있었습니다. USAID에서 사업제안서를 검토하는 절차가 매우 까다롭기 때문입니다. 메셀레의 제안대로 하려면 골치가 아플 수밖에 없습니다. 물론 제가 아니라 워싱턴의 본부에 있는 저희 단체의 동료들이 USAID를 직접 상대하긴 하지만 겪어야 할 고충은 짐작하고도 남음이 있었습니다.

고심 끝에 '현장 책임자의 소신 있는 주장을 한번 들어주자'는 생각으로 사업제안서를 제출하게 되었습니다. 얼마 후 예상대로 USAID로부터 수십 개의 질문이 담긴 질의서가 날아왔고, 본부의 동료들이 일부 질문에 대한 답변을 제게 요청해왔습니다. 역시 농기구를 대장장이들에게 따로 주문한다는 아이디어는 큰 모험이었습니다. 그런데 예상 밖의 반응이 나왔습니다. USAID에서 날카로운 질문과 더불어 긍정의 코멘트를 보내온 것입니다. 현지의 대장장이에게 주문한다는 아이디어는 주민의 직업을 보호하고 지역경제를 활성화할 수 있는 창의적인 생각이라는 평가였습니다. 과연 받아들여질까, 내심 걱정했던 저에게는 의외의 희소식이었습니다. 본질을 간파하여 제안을 수용해준 USAID로부터 한 수 크게 배웠습니다. 물론 그들도 얼마 안 되는 주문(400개)으로 북부의 전통 직업을 보호할 수 있다고는 생각하지 않았을 겁니다. '언 발에 오줌 누는' 격이라 여겼을 테지요. 당시 저희로부터 주문을 받았던 대장장이들도 어쩌면 지금은 수도 캄팔라의 빈민가에 유입되어 일용직 근로자로 살고 있을지도 모르겠습니다. 하지만 나름의 의미는 충분했다고 생각합니다. 적어도 제게는 개발사업의 진정한 의미를 새삼 깨닫게 해준 계기가 되었으니까요.

한국의 대장장이들은 어떤가요? 인간문화재로 지정된 분들 외에는 생업으로 하시는 분이 별로 없을 겁니다. 이 모든 변화가 100년이 채 안 된 사이에 일어났습니다.

농산물 시장개방이 이슈화될 때마다 농민들이 들고 일어나 격렬히 반대했던 시절이 있었습니다. 그것은 생존에 절대적으로 중요한 식량을 다른 국가에 의존하게 되는 상황, 즉 식량안보의 문제를 걱정했기 때문만은 아니었을 것입니다. 보다 큰 이유는 농사가 생업인 농민들이 그 일을 버리고 다른 업종으로 전환하기가 현실적으로 어렵기 때문이었을 것입니다. 우간다의 대장장이들이 바로 이러한 현실에 노출되었던 겁니다. 우리 농민들의 경우와 다른 점이 있다면 그들에게 시장의 위세를 실감케 한 주범이 미국무역대표부가 아닌 개발 NGO였다는 것입니다. 그러나 알고 보면 미국무역대표부도 개발 NGO도 시장의 한 축을 담당하는 대리인일 뿐이지요.

우간다 대장장이 아저씨들의 운명을 생각하면 우리의 개발사업도 시장경제라는 큰 바다 위에서 넘실거리는 작은 파도로 보입니다. 세계화와 산업구조의 재편이라는 거대한 흐름 속에서 개발단체들은 대장장이 아저씨들에게 닥친 위기를 어쩌지 못한 채 바다가 일으키는 바람을 전달하고 있는 셈이지요.

예를 하나 더 들어볼까요? 개발 분야에서 혜성처럼 나타나 각광을 받은 소액금융(Micro-Finance)이 있습니다. 노벨상에 빛나는 무함마드 유누스(Muhammad Yunus) 총재와 그라민은행(Grameen Bank)은 빈곤에 시달리는 사람들에게 소중한 재기의 지렛대가 되어주었습니다. 지대한 공헌임에 틀림없습니다.

미국의 대학원에 입학했을 때의 일입니다. 대부분이 3학점인데 2학점만 배정된 과목이 있었습니다. 알아보니 새로 개설되어 학생들에게 첫선을 보이는 과목은 학점을 적게 배정한다는 것이었습니다. 그 과목들 중 하나가 바로 소액금융이었습니다. 중간에 수강 철회를 해서 배운 기간은 짧았지만 아직도 기억나는 흥미로운 내용은 소액금융이 혜성처럼 등장한 사업이 아니라는 사실이었습니다.

교수님이 설명하는 소액금융의 기원에서 'ROSCA(Rotating Savings

& Credit Association)'라는 표현이 나왔습니다. 영어에 능통한 상태가 아닌 데다 돈과 관련된 일은 머리 아프게 여기는 성향 탓에 처음에는 무슨 말인가 했습니다. 그런데 가만 들어보니 교수님이 서툰 발음으로 'Gye(계)'라고 말하는 것이었습니다. 처음에는 그게 한국어라는 것을 한국인인 저조차 몰랐습니다. 설명을 듣고 나서야 알 수 있었지요. 교수님이 뉴욕의 청과물시장에서 빠른 속도로 자리를 잡아가는 한국인(Korean American)들을 대상으로 그 비결을 조사해보았더니 계라고 하는 한국인들 특유의 자본 축적과 사업자금 조달 방법이 있더라는 것입니다.

이 같은 방법이 한국에만 있었던 것은 아닙니다. 아프리카에도 계와 유사한, 자본 형성을 위한 수단이 존재합니다. 북부 우간다에 사는 아촐리 부족이 사용하는 '칼루루(Kalulu)'라는 단어가 있습니다. 한국의 품앗이처럼 서로 돌아가며 노동력을 제공하는 방법을 의미하는데, 주민들이 모여 함께 자본을 축적하는 방법을 뜻하기도 합니다. 예를 들어 여럿이 꿀벌을 키우는 경우가 있습니다. 벌을 키우는 일은 많은 노동력이 필요하지 않아 주업인 농사일과 병행할 수도 있지요. 그들은 그렇게 수확한 꿀에서 나오는 수익을 한 사람에게 몰아주어 염소 등의 가축을 살 수 있게 해줍니다. 기르기 쉽고 번식이 잘되며 시장에서 수요가 많은 가축을 길러 더 큰 수익을 내고, 그 수익으로 다시 소처럼 한 재산 되는 가축을 사들입니다. 이러한 과정이 전체적으

로 동시에 진행되기 때문에 바로바로 다음 수혜자가 꿀, 염소, 소라는
단계를 밟게 됩니다. 일종의 몰아주기, 즉 공동구매와 협력생산 체제
로 빠르게 목돈을 만들어낸다는 점에서 한국의 계와 비슷합니다.

하지만 세상에 만병통치약은 없는 법이지요. 현대의 계라고 할 수
있는 소액금융에서 저는 어쩔 수 없는 한계를 느끼곤 했습니다.

우간다에 저희 단체의 자매기관인 파울루(Faulu)가 있습니다. 원래
는 저희 단체에서 소액대부사업을 전담하던 팀이었는데, 규모가 커
지면서 우간다의 금융관련법에 따라 소액금융기관으로 등록하게 되
었습니다. 가난한 사람들에게 문턱 높은 은행들 대신 소액자본을 대
부해주는 일을 합니다. 저희 FHI(국제기아대책기구) 직원들은 주로 시
골에서 자전거나 오토바이를 타고 다니며 개발사업을 하는데 Faulu
직원들은 대도시를 중심으로 지점을 늘려가며 은행원처럼 일을 합니
다. 내막을 모르는 사람들은 같은 뿌리를 가진 기관인지 알 길이 없을
정도의 차이가 느껴집니다.

당시 Faulu의 CEO를 맡고 있던 알렉스와 만나 두 기관이 보다 유
기적으로 협력할 방안이 없을까를 논의한 적이 있습니다.

상훈: 시골에서 일하는 우리 FHI 직원들의 말을 들어보면 소액자본
은 어디서나 필요한 것 같은데, Faulu가 시골에도 진출해서 같이 일

해보면 어떻겠는가?

알렉스: 시골에까지 직원을 내려보내 운영하려면 비용이 너무 많이 든다. 현실적으로 대도시를 떠나는 게 힘들다. 그리고 Faulu는 이미 운영되고 있는 사업만 지원하고 창업은 지원하지 않는다. 실패 가능성이 크기 때문이다. 안정적 운영을 위해 불가피한 측면이 있다.

사무실로 돌아와 곰곰 생각해보니 알렉스의 말에 일리가 있었습니다. 당시 2만 6,000명 정도의 고객을 확보하고 있던 Faulu는 많은 운영비를 자체 수익을 통해 해결하지 않으면 안 되었습니다. 그 비용을 외부 기금에 의존하게 되면 오랫동안 존속할 수 없습니다. 그렇다면 가능한 한 운영상의 위험 요소들을 피해 안정적 수익을 낼 수 있는 방향으로 가는 것이 합리적입니다. 아무리 좋은 비전을 갖고 있어도 망하면 아무 소용이 없지요. Faulu는 지금도 대도시와 중소도시에 거주하는, 어느 정도 검증된 사업을 운영하는 사람들을 대상으로 업무를 추진하고 있습니다.

저는 그간의 개발사업에서 수요조사를 통해 수혜 대상을 선정할 때 가장 취약한 계층을 우선한다는 원칙에서 벗어나본 적이 없었습니다. 알렉스의 말을 듣고 그 괴리감을 어떻게 이해해야 할지 두고두고 생각하게 되었습니다. 같은 뿌리에서 출발했지만 선택한 방법론에 따라 일하는 대상이 바뀌어가는 현상을 말입니다.

소액금융기관은 저개발국가에서 시장경제의 활성화와 상업자본 축적에 기여하는 것을 목표로 삼아야 합니다. 소액금융이 당장 돈이 궁한 사람이나 돈을 잘 관리하는 사람에게 자립의 기반이 되어줄 것이라는 점도 분명합니다. 그럼에도 생각해볼 문제가 있습니다. 그것이 추구하는 궁극적인 방향이 무엇인가 하는 것입니다. 중국의 값싼 제품이 아프리카를 뒤덮고 있는 현상은 세계화의 단적인 증거이며 소액금융기관의 활성화도 같은 맥락에서 이해해야 한다고 생각합니다. 하지만 이윤의 극대화에 치중하며 효율성을 위해 모든 것을 재조정하도록 만드는 시장주의가 농업처럼 기후와 시장의 변화에 취약한 산업을 더욱 취약하게 만들고, 대장장이 아저씨들처럼 시대의 흐름에 발빠르게 대응하지 못하는 사람들을 도태시키는 현실을 어떻게 해석해야 할까요? 과연 그들이 말하는 '트리클 다운(Trickle-Down) 이론'처럼 경제의 파이를 키우면 그 혜택이 모두에게 돌아가게 할 수 있을까요? 개인의 부가 사회적 부의 효과를 낳을 수 있을까요? 우리는 지금 올바른 방향으로 가고 있는 걸까요?

모금은 아동을 팔아서,
사업은 필요에 따라서

한 사람이 한 아동을 위해 후원하는 일대일 결연사업은 장점도 많지만 단점도 있습니다. 후원자가 개별 아동에게 애정을 가지고 계속해서 후원할 수 있게 한다는 측면에서는 큰 장점이지만, 해당 아동에게만 자신의 후원금이 사용되기를 바라는 후원자의 기대감은 자연스러운 일임에도 단점으로 작용하기도 합니다.

가장 큰 현실적 딜레마는 돈의 모금처와 사용처가 다르다는 것입니다. 속이는 게 아니라 실제적 필요가 그렇기 때문입니다.

'모금은 아동을 팔아서, 사업은 현지 주민의 필요에 의해서'

표현이 좀 과격해서 그렇지 이것이 아동후원사업을 하는 단체들이 갖고 있는 태생적 한계입니다. 다시 말해서 사람들이 흔히 알고 있는 것처럼 특정 아동을 위한 후원금이 그 아동에게만 사용되는 것은 아니라는 것입니다. 왜냐하면 후원자의 의도와 달리 구호와 개발의 현장에는 다양한 상황과 변수가 존재하기 때뮨입니다. 아동급식을 예로 들어볼까요? 1,000명의 아동이 다니는 학교에서 후원을 받는 아동이 300명이라고 할 때 이 아이들은 따뜻한 점심을 먹고 있는데 나머지 700명은 둘러서서 부러운 듯 쳐다보는 상황이 벌어집니다. 지나치다 못해 가혹한 풍경입니다. 그래서 저는 '급식을 전원에게 실시하든지 아니면 아예 하지 말라'는 방침을 세웠습니다.

학교에서 급식을 실시하면 학생들의 출석률이 좋아지고 성적도 오릅니다. 그러면 인근의 타학교 학생들이 전학을 오기 시작합니다. 당장 교실도 증축해야 하고 책걸상 등도 더 구입해야 해서 그렇지 않아도 빠듯한 예산 때문에 어려운 상황에서 이들은 큰 짐을 안겨주게 됩니다. 그런 여러 사정으로 급식을 중지하면 학부모와 선생님 들이 NGO가 애들 후원금을 꿀꺽했다며 시비를 걸어옵니다. 괴로운 문제입니다.

이런 적도 있었습니다. 문제가 복합적으로 얽혀 골머리를 앓고 있는데, 한국의 후원자들 중 한 분이 어떻게 알았는지 자신이 후원하는 아동의 학교에서 급식을 제공하지 않는다며 격분해서 한국 사무실로 전화를 했습니다. 담당 간사가 혜택이 모든 아이들에게 고르게 돌아가도록 하기 위한 부득이한 사정을 설명하자 그분이 말했습니다.

"당신들, 공산주의자 아냐?"

이처럼 일대일 결연사업은 현실과 원칙, 상황과 윤리, 현재와 미래의 딜레마 속에서 돌아가고 있습니다.

한 아동을 위해 보내온 후원금이 지역개발사업 비용으로 쓰이는 경우도 있는데, 이유가 있습니다. 한 아동이 육체적으로 건강하고 정신적으로 건전하게 자라려면 그 아동에게만 교복, 공책, 급식 등의 혜택을 제공하는 것으로는 충분치 않기 때문입니다. 앞서 이야기한 '땅'과 다르지 않습니다. 즉, 현지의 환경이나 사정에 맞게 해나가야 한다는 것입니다. 그렇다면 한 아동을 위해 기부된 후원금이라 하더라도 그 아동이 살고 있는 지역환경 전체를 고려한 개발사업을 진행하지 않을 수 없습니다. 아동들의 부모이자 주민이기도 한 마을 사람들이 합심하여 아동을 둘러싸고 있는 공동체의 식수환경 개선이나 소득증대 사업 등을 벌임으로써 궁극적으로 아동에게 그 혜택이 돌아가게 하는 것이 보다 실질적이고 장기적인 지원이라는 것은 조금만 달리 생각하면 누구나 알 수 있습니다.

이쯤에서 우리가 진짜 고민해야 하는 문제는 '형평성과 효율'이라는 두 가치를 어떻게 조화시킬 것인가입니다. 이는 교육 평준화와 엘리트 교육을 둘러싸고 벌어지는 논쟁과 크게 다르지 않습니다. 더 나아가 사회주의와 자유주의의 문제와도 연결됩니다. 무엇을 정의로 규정할 것인지, 인류의 발전과 행복을 위한 기준은 무엇인지에 관한 치밀한 논의와 모두의 지혜가 필요합니다.

사업을 하다 보면 사람들이 성성을 모아 보낸 후원금을 잘못 사용하여 결실이 없거나 나중에 돌아보니 특정한 그룹에만 혜택이 집중되었거나 하는 경우가 있습니다. 의도하지 않은 결과이지요. 또한 까딱 잘못하면 아동들 간의 시기와 질투, 그리고 마을 사람들 간의 위화감, 나아가 지역 사회에서 욕심과 경쟁을 유발하게 됩니다. 더 심각한 경우는 스태프의 공금 횡령이나 전용입니다. 이 때문에 지부장과 직원들이 다 함께 해고되기도 했습니다.

이런 일들이 벌어지는 원인들 중 하나는 이 사업의 약점 때문입니다. 바로 수혜 대상이 아이들이라는 점입니다. 아이들은 순수해서 어른을 의심하지 않습니다. 자신이 받는 혜택이 어떤 것인지 모르고 작은 도움에도 크게 감사하기 마련입니다. 그러다 보니 일부 스태프가 이를 악용하여 응당 주어야 할 혜택의 양을 줄이고 가짜 영수증을 올려 차액을 착복하곤 합니다. 아이들에게 생일 파티가 있었느냐고 물으면 그렇다고 대답하지만, 실제로 베풀어준 파티에 빵이 몇 개씩 돌아갔는지, 콜라가 한 병씩 돌아갔는지 확인할 수가 없는 거지요.

이와 달리 아이들이 자신에게 일어난 일을 침소봉대하여 후원자에게 편지로 알리는 경우도 있습니다. 전체를 이해할 줄 아는 눈이 없어서입니다. 그렇게 해서 스태프나 현장 사무실이 졸지에 봉변을 당하는 일도 왕왕 있습니다. 일례로 그해에 지급될 학교 유니폼이 있다고 하지요. 거의 매년 지급하지만 아이들이 1년 내내 그 옷만 입고 돌아다니는데 그게 얼마나 버티겠습니까? 그러다가 어느 해에는 학부모들과 합의하여 유니폼을 지급하는 대신 그 돈을 적립해서 염소를 한 마리씩 사서 나누어주기로 했습니다. 그런데 후원하시는 분이 우간다까지 와서 아이에게 물어봅니다.

"옷이 너무 낡았는데 내가 보내 준 후원금으로 유니폼 안 사 주더냐?"

아이가 말합니다.

"이 옷은 작년부터 입었는데 올해는 안 받았어요."

이쯤 되면 아무리 설명해도 후원자가 막무가내로 나옵니다. "그러면 내 아이에게 갈 염소를 당장 내놔라", "내 아이에게 옷을 사 입히라고 준 돈으로 염소? 염소 같은 소리 하고 있네. 어느 세월에…"라며 역정을 냅니다. "돈을 더 보낼 테니 옷부터 사줘라"라고 하는 경우는 그나마 양반입니다. 직접 아이를 데리고 가서 옷이나 신발을 사오기도 하는데, 그러면 형평성이고 뭐고 엉망이 되고 맙니다. 화를 내고 돌아가 후원금을 끊는 경우도 많습니다. 그래서 후원자들의 방문에 제한을 두게 되는 것입니다. 선의로 하는 일에서 서로에게 상처를 입히는 상황이 빚어지곤 하니까요.

심장병처럼 큰 문제가 생기면 아예 다른 방법을 찾게 되지만, 현지에서 많은 비용을 지출하게 하는 질병, 특히 기형의 문제 등은 후원금으로 도저히 감당이 안 됩니다. 그러면 어쩔 수 없이 전체 후원금에서 돈을 배정하게 되는데, 자연히 다른 아동들의 몫이 줄어들겠지요. 이렇게 해서 해당 단체가 후원자로부터 욕을 먹는 악순환이 반복됩니다.

아동을 대상으로 하는 프로그램은 작은 부분까지 세심하게 신경을 써야 합니다. 손이 많이 가는 만큼 스태프들도 충분히 확보해야 합니다. 예산이 더 필요할 수밖에 없지요. 그러므로 후원금은 자주, 많이 보낼수록 좋습니다. 다다익선입니다. '500원이 한 생명을 살린다'는 구호가 한창 유행한 적이 있는데, 실제로는 그렇지 않습니다. 콜레라나 장티푸스처럼 몇백 원의 주사 한 방이면 나을 수 있는 경우에는 500원으로 한 생명을 구한다는 말이 맞을 수 있으나 틀린 것도 사실입니다. 살려놓은 다음에는 어떻게 할까요? 먹을거리만 해결하면 될까요? 입고 잠잘 곳만 제공하면 모든 문제가 해결될까요? 결코 간단한 문제가 아닙니다. 후원금의 액수보다 바라는 게 더 많은 일대일 결연사업은 해결해야 할 과제가 많습니다.

제가 하고 싶은 말은 하나입니다. 비판의 칼을 들기 전에 먼저 우리 자신을 돌아보자는 것입니다. 현장 직원은 물론 후원자들을 상대하는 단체 모두가 스스로를 점검해보면 좋겠습니다. 후원자들이나 이 사회의 시각을 탓하기 전에 나는 지금 올바른 길을 걷고 있는지 성찰할 필요가 있습니다.

그런 차원에서 모두가 자발적으로 힘을 모아 이룩한 성과라 할 만한 기쁨과 감사의 현장을 소개합니다.

언젠가 우간다의 음발레(Mbale)에 위치한 마카이(Makai)초등학교 졸업식에 참석한 적이 있습니다. 전임 교장선생님도 행사에 참석하셨는데 감회에 젖어 그러시더군요. "교무실이 없어 비로 저 망고나무 아래에 앉아 사무를 보았고, 아이들은 그냥 허허벌판에서 자기들끼리 놀다가 집에 가던 곳이었다"고. 그랬는데 불과 4년 만에 주민들의 힘으로 완성된 교실과 도서관을 갖춘 어엿한 학교가 만들어졌습니다. 지역 군수는 사재를 털어 책상 68개를 기증했다고 합니다. 영국의 봉사팀이 와서 지은 교사 숙소도 있고, 운동장 한 켠에서는 교인들이 힘을 모아 교회를 짓고 있었습니다. 선생님들의 사기도 높고, 행사에 교육부장관까지 친히 와서 격려해주었습니다. 스스로 해보겠다는 의지로 이만큼 열심을 다하기까지 얼마나 많은 땀과 눈물이 있었을까요? 한국에 비하면 정말 볼품없는 건물들이지만, 이곳에서는 최고의 학교로 알려져 다른 마을에서도 다투어 전학을 오려고 할 정도입니다.

여기에 우간다 성공회 사무위리 주교님의 편지 중 일부를 소개합니다.

마카이 마을에서 하신 모든 일들에 대해 진심으로 감사의 인사를 드립니다. 말씀과 실천을 통해 그리스도를 전하는 좋은 예라고 믿습니다.

오직 하나님만이 노고에 부합하는 보답을 해주실 수 있겠시만, 나카이의 교구와 마을을 대표해서 다시 한 번 감사의 뜻을 전합니다.

마카이초등학교는 정말로 아름답게 변했고, 여러모로 힘써주신 덕분에 마을에 많은 변화가 일어났습니다. 저희가 희망을 잃고 살고 있을 때 찾아와서 개발의 비전을 갖도록 격려해주셨습니다. 그렇게 해서 변화된 저희 마을의 현재 모습이 주변의 모든 사람들에게 깊은 감동을 주고 있습니다.

음발레 주교

사무위리

모든 죽어가는 것을
사랑하리라

지금도 시시때때로 저 자신에게 던지는 질문이 있습니다.

'진리가 나를 자유케 하는가?'

어리버리한 촌놈이 서울로 대학을 가게 되어 처음 학교를 찾아가
던 길이었습니다. 누가 일러준 '신촌역'으로 가지 않고 '신천역'으로
갔었지요. 그 쉬운 한국말도 못 알아듣던 촌놈은 교정에 자욱하던 최
루탄 연기마저도 신기해했습니다. 불발탄 하나를 주워 방학 때 고향
집에 가져갔다가 터지는 바람에 온 집안이 난장판이 되기도 했데, 지
금 생각해도 웃음이 납니다.

'진리가 너희를 자유케 하리라.'

제가 다니던 학교의 독수리 동상 아래에 새겨져 있던 문구입니다.
이 문구는 학생 시절에도, 졸업한 후에도 제 마음을 무겁게 만들었습
니다.

'진리란 무엇인가, 진리란 것이 있기는 한가, 어디에 있는가, 진리
가 어떻게 우리를 자유케 한다는 것인가?'

중년의 나이가 된 지금도 이와 관련한 질문은 제 가슴에 화두로 남
아 수없는 답을 만들어내고 있습니다.

대학을 졸업하고 군복무를 마친 후 사회에 진출한 저는 사회인이
라기보다 거의 폐인이 되어가고 있었습니다. 이 세상은 진리를 알 수
없는 무의미한 곳이라고 생각하며 자포자기하는 심정으로 살아가는
소위 '고등 백수'였지요.

농담으로 들릴지 모르지만, 당시에 저는 독수리상의 그 문구가 어
디에서 왔는지도 몰랐습니다. 《성경》의 한 구절이라는 이야기를 얼핏
들은 것 같기는 했지만, 제 눈으로 확인해보지 않았으니 《금강경》이
나 《주역》에 나오는 글귀라고 해도 의심하지 않았을 겁니다.

그렇게 진리를 찾아 방황하던 제가 우연히(또는 우연치 않게) 《성경》
을 접하게 되었습니다. 그리고 저를 자유케 하는 진리를 만났습니다.

1993년 3월 27일이었습니다. 앞에서 밝힌 것처럼 '이사야서 53장'을 읽다가 저 대신 무거운 짐을 지고 가신 구세주의 존재를 깨우쳐 믿게 되었던 것입니다. 그 믿음은 마치 예기치 않은 선물과도 같았습니다. 무의미한 인생에 선명한 의미로 다가온 진리였습니다.

이듬해 9월, 저는 진실하게 살아보고자 하는 마음으로 아프리카로 향하게 되었습니다. 그렇게 르완다 난민들을 위한 구호활동을 하며 인생의 2막 1장을 시작했고, 그곳에서 같은 자원봉사자로 만난 한 아가씨와 결혼하게 되었고, 이듬해 케냐에서 큰딸을 낳았습니다. 그렇게 르완다와 케냐를 오가며 구호요원으로 활동하는 동안 두 딸을 보았고, 이후 미국에서 잠시 개발학을 공부할 때 셋째아들이 태어났으니 세 자녀 모두 한국이 고국인지 모르고 태어나 자란 셈이지요. 그렇게 아프리카와 인연을 맺고 살아온 세월이 24년입니다.

제법 오랜 기간 구호와 개발 사업을 해오면서 제가 조금씩 깨달아 간 사실이 있습니다. '일방적인 도움은 있을 수 없다'는 것입니다. 그런 삶은 위대한 성인들처럼 한결같이 헌신적으로 살았던 분들에게서나 가능할 것입니다. 저 같은 사람은 도저히 올라설 수 없는 어떤 경지…. 도움이 필요한 사람들에게 일시적인 도움을 주는 것과 그들을 위해 헌신하는 것은 차원이 다른 일이지요.

저는 진리와 자유를 향한 인생의 여정에서 매번 이런 질문을 만났습니다.

'우리는 얼마나 순수하게 타인을 위해 살 수 있는가? 또한 세상은 이타성을 얼마나 수용할 수 있는가?'

질문하고 대답하고 질문하고 대답하고…. 질문은 다르지 않았지만 대답은 그때마다 조금씩 달랐던 것 같습니다. 어느 때는 회의적이었다가 어느 때는 희망적이었다가. 그리고 20여 년의 세월이 지나 르완다의 PIASS에서 개발학을 가르치면서 진리와 자유를 찾아 발을 내디딘 아프리카 땅에서 저의 고민과 경험을 나눌 수 있는 기회를 갖게 되었습니다. 학교에서 만나는 르완다 학생들에게 제가 전하고 싶은 가장 큰 메시지는 이것입니다.

'사람을 사람으로'

이 메시지의 의미는 분명합니다. 다른 사람을 내 삶의 목적을 달성하기 위한 도구로 대하지 말라는 것입니다. 사람은 존재 그 자체로 존중받아 마땅한 이유가 있다고 믿습니다. 설령 반드시 성취해야만 할 무엇이 있더라도, 그것이 아무리 중요한 가치를 지닌 것이라 할지라도 사람을 도구로 대해서는 안 됩니다. 사람들은 본능적으로 압니다. 상대가 자신을 도구로 대하는지, 목적으로 여기는지. 자신을 향한 것이 아니라고 판단되면 그때부터는 손익의 셈법만 남습니다. 이익이 되면 협조하고 아니면 불필요한 관계로 치부합니다. 이른바 '물화(物化)'가 일어나는 거지요.

제가 보기에 한국인들은 아프리카인들에 비해 성과 지향적입니다. 어떤 목표를 달성하고자 하면 인간관계를 해치는 것도 마다하지 않는 경향이 있습니다. 제가 아프리카에서 살지 않았다면 얻지 못했을 또 다른 교훈입니다.

상처를 받은 적이 있나요? 배은망덕한 사람이라며 원망해본 적이 있나요? 어쩌면 그것은 나만의 시각으로 상대를 좁게 이해한 데서 비롯된 것일지도 모릅니다.

가르치는 사람으로서 저의 바람과 다르게 행동하는 학생들이 간혹 있습니다. 수업시간에 한참 늦기도 하고, 내준 숙제를 아예 하지 않기도 합니다. 당연히 시험 성적도 엉망이지요. 그런 학생들을 보면 속이 상합니다. 반면에 낮에 일하고 번 돈으로 간신히 학비를 내며 그래도 배우겠다고 피곤한 얼굴로 앉아 있는 학생들을 보고 있으면 참으로 대견합니다. 학비를 내지 못해 정문에서 수위에게 쫓겨나는 일부 학생들을 보면 가슴이 아려옵니다. 부모님 덕분에 학비 걱정 없이 학교에 다니면서도 게으름을 피우던 저의 학창 시절을 떠올리며 부끄럽기도 합니다.

그건 제 아내도 마찬가지인가 봅니다. 아내는 르완다 아이들을 위해 유치원과 초등학교를 운영하고 있습니다. 제가 학교에서 돌아와 학비를 내지 못해 쫓겨나는 학생들을 보면 마음이 아프다고 이야기하니 아내도 그런 일이 생긴다며 많이 괴로워하더군요. 학교 운영이 그렇습니다. 교육의 질을 높이려면 지원만으로는 재정이 턱없이 부족합니다. 우수하고 헌신적인 선생님들을 모시고 더 나은 설비들을 갖추려면 그에 필요한 재정 확충을 위해 학비를 받을 수밖에 없습니다. 장학금으로 일부 어려운 학생들을 보조해준다고 해도 재정은 한계가 있기 마련이지요. 아내도 저도 사람을 키우기 위해 시작한 교육이었지만 부족한 재원을 마련하기 위해 밤마다 계산기를 두들겨야 했습니다. 그러다 보면 부득이하게 누군가의 가슴에 못을 박게 됩니다. 배움을 향한 욕구는 학생들이나 부모님이나 다를 바 없지만 수용할 수 없어 그걸 막아야 했던 것입니다. 마음이 편할 리가 없지요. 어느 누구도 원하는 일이 아니지요. 그럴 때마다 '도대체 얼마나 더 노력해야 진리를 온전히 실천하며 살 수 있을까?' 회의감이 들기도 합니다.

모든 죽어가는 것을 사랑해야지

윤동주 시인이 노래한 이 짧디짧은 구절이 그런 회의감에 큰 울림이 되어 부딪쳐왔습니다. 이렇듯 실망스러운 현실의 '나와 너'도 사랑의 주체가, 그리고 대상이 될 수 있을까, 근거 없는 희망을 품어보기도 했습니다.

시인처럼 영원을 볼 줄 아는 사람에게는 불가능한 일도 가능해 보이는가 봅니다. 칠흑같이 어두운 밤하늘에 밝게 빛나는 별을 바라보며 희망과 사랑을 노래할 수 있는 사람에게는 일시적이고 실망스러운 본성의 바다에서도 그만의 가치를 건져올리는 일이 가능한가 봅니다. 저에게는 불가능한 일이 그에게는 어떻게 일어나는 걸까요?

그리고 나에게 주어진 길을 걸어가야겠다

오늘 밤에도 별이 바람에 스치운다

시인은 오래전에 이미 알고 있었던 것 같습니다. 오늘밤에도 여전히 우리의 삶은 팍팍하리라는 것을 말입니다. 맞습니다. 영원불변의 진리를 상징하지만 바람에 스치는 별처럼 인간 세상은 늘 그렇듯 만만치 않습니다. 그래도 꿋꿋이 자신의 길을 걸어가는 이가 있습니다. 한 사람을 온전히 사랑하기도 어려워하는 제게 이 마지막 구절은 더욱 진솔하게 다가와 더없이 편안하고 좋습니다. 대학을 졸업하고 28년이 지난 지금에야 그토록 찾아 헤매던 진리를 조금은 깨닫게 되는 것 같습니다.

'그들'은 나와 구분된 '타인'이 아닙니다. '남에게' 건네야 할 '내 것'이 있는 것이 아니고, '착한 일'을 하느라 분열되는 '나'도 없습니다. 그저 난 너에게, 넌 나에게 하나의 의미가 되어 더불어 함께 살아가는 그런 세상이 있을 뿐입니다.

저를 자유케 하는 진리, 그 진리를 이제야 알아가나 봅니다. 진리를 사랑하는 마음으로 '주어진 길을 흔쾌히 걸어가는 자유인'의 삶을 말입니다.

전

건물은 환영받지만
인권은 외면당하고

-개발 현장의 이슈와 대안

우리의 씨름은 혈과 육에 대한 것이 아니요

정사와 권세와 이 어두움의 세상 주관자들과

하늘에 있는 악의 영들에게 대함이라

|

에베소서 6장 12절

저는 우리 인류가 만들어온 그림에서 한 가지 발견한 것이 있습니다. 제가 좋아하고 동의한다기보다 다양한 경험을 통해서 보게 된 부분입니다.

의식적으로든 무의식적으로든 사람들이 받아들이고 있는 하나의 전제가 있습니다. 인류의 역사가 한 방향으로 나아가고 있고, 현재의 개인과 민족과 국가는 그 방향의 어딘가에 위치해 있으며, 계속해서 그 방향으로 전진한다는 것입니다. 마음속에 하나의 지향점을 그리면서 다른 모든 것들도 그 지향점을 향해 가고 있거나 가야 한다고 생각합니다. 현대화(modernization)라는 단어 역시 그런 단선적인 시각에서 나왔다고 볼 수 있습니다.

그러나 우리는 개발을 이야기할 때 저마다 다른 삶의 자리를 갖고 있다는 사실을 잊어서는 안 될 줄 압니다. 다양성을 존중하지 않는 것은 지구촌의 이웃들이 각각의 환경, 문화, 상황 속에서 살아가는 존재임을 인정하지 않는 것입니다. 그들마다 살아가는 모습이 다른 것은 지구가 호수, 늪지, 숲, 초원, 사막 등의 여러 요소들로 이루어진 것과 같은 이치입니다. 이를 무시하고 모든 땅에 같은 사과나무만 심어야 한다고 주장하면 어떻게 될까요? 바로 제정신이 아니라는 반응이 나오겠지요. 앞에서도 언급했듯이 무슨 일이든 다름을 인정하고 각 환경과 토양에 맞게 해야 효과를 거둘 수 있습니다.

저는 구호와 개발 관련 일을 하는 일꾼이고, 교회에서 파송을 받은 선교사이기도 합니다. 한번은 선교사님들 모임에 참석했다가 다음과 같은 질문을 받았습니다.

"아프리카 사람들은 기본적으로 종교적 인간(Homo Religiosus)인 것 같습니다. 무슨 일을 하든 그들의 머릿속에는 눈에 보이지 않는 존재에 대한 믿음으로 꽉 차 있습니다. 그런데 그 사실을 무시하고 껍데기를 대상으로 일을 한다는 게 가능한가요?"

직접 아프리카를 경험해보지 않은 사람은 이 질문을 잘 이해하지 못할 겁니다. 한마디로 아프리카에서는 눈에 보이지 않는 것이 보이는 것 이상으로 중요하다는 뜻입니다. 예를 들어 아동 복지를 위해 일한다면 그 사회의 밑바탕에 깔린 믿음체계와 아동들이 겪는 어려움의 실체를 먼저 파악해야 한다는 거지요.

아래의 포스터는 어느 초등학교의 교실 벽에 붙어 있었던 것입니다. 보는 것만으로도 섬뜩한 느낌을 줍니다. 포스터에서 아이의 목을 떼어 달아나고 있는 사람은 우간다에서 '무공고(Mugongo)'라고 불리는 주술사입니다. 주술사는 인신공양 의식의 효험을 믿는 누군가로부터 돈을 받고 아이를 제물로 삼아 은밀한 제사를 올립니다. 대개 큰 건물을 짓거나 중요한 일을 앞둔 사람이 거금을 내고 아이를 제물

인신공양을 위한 유괴살인 방지 경고 포스터.

아이의 목을 떼어 달아나고 있는 사람은 '무공고'라고 불리는 주술사로,

돈을 받고 아이를 제물로 은밀한 제사를 올린다.

로 삼아 의식을 거행합니다. 언론매체에 이와 관련한 기사가 간혹 실리기도 하는데, 한국에서의 유괴 사건이 부모로부터 돈을 갈취할 목적으로 일어나는 데 비해 우간다에서는 유괴된 아이들이 목이 잘려진 채로 발견됩니다. 제물로 바치려는 주술사의 짓입니다. 그래서 우간다 경찰은 아이가 실종되었다는 신고를 받으면 인근의 주술사들부터 잡아들입니다. 그중에 범인이 있다고 보는 겁니다.

본질적으로 보면 모든 인간 사회가 다를 바 없지만, 아프리카에서도 욕심과 미신에 붙들린 인간의 의식세계가 문제를 일으킵니다. 그들은 보이지 않는 어떤 존재에 대한 믿음 위에서 같은 인간으로서 도저히 이해하기 어려운 일들을 서슴없이 자행합니다. 그래서 앞서 선교사님이 그런 질문을 던진 것입니다.

개발사업은 누구를 위한 것인가? 우리 자신을 위한 게 아니라면 개발의 대상이 무엇을 믿고 사는지 알아야 합니다. 아프리카 사람은 한국 사람이 아니고 한국 사람은 아프리카 사람이 아니기 때문입니다.

개발사업을 수행하는 우리가 직면하게 되는 또 다른 도전은 개발의 궁극적 모습에 대한 밑그림의 부재입니다. 밑그림도 없이 색칠을 하는 것과 다르지 않습니다. 그러다 보니 임시방편으로 업무를 처리하는 경우가 적지 않습니다. 현지 주민들을 포함해서 개발에 관계된 모두가 함께 붓을 들고 밑그림을 그리는 데 참여하지 않고 한 번도 밑그림에 대해 논의한 적이 없다면 우리는 우리도 모르는 밑그림을 따라 맹목적으로 열심히 색칠만 하고 있는 것입니다.

초등학교 시절 미술시간에 선생님은 도화지에 먼저 연필로 밑그림을 그리게 한 다음 색을 칠하도록 가르쳤습니다. 우리의 개발사업도 그러해야 합니다. 추상화를 그리는 게 아니라면 미리 그려둔 청사진에 따라 사업을 추진해야 합니다. 또한 눈앞에 그려진 그림이 어딘가 어색하다면 원점으로 돌아가 애초에 어떤 그림을 그리려고 했는지 되돌아봐야 합니다. 아프리카 사람들과 공유하는 지향점이 나타나 있는가, 그에 따라 움직이고 있는가를 점검해야 합니다.

저희 단체는 우간다에서 아동후원사업을 위해 45여 명의 현지인을 직원으로 고용하고 보다 효과적인 사업 추진을 위해 정기적으로 훈련을 실시했습니다. 1년에 한 번은 수도 캄팔라에서 각 지역의 직원들 모두가 모여 사업 현황과 성과에 대해 보고하고 발전 방향에 대해 논의하는 시간을 가졌습니다. 매년 이 행사를 진행하면서 느꼈던 점은 사람들이 자신의 성과를 중심으로 발표하며 사업의 긍정적 측면만 부각시킨다는 것이었습니다. 이래서는 안 되겠다 싶어 발표가 끝난 다음 자기 지역에서 일하면서 힘들었던 것, 잘 안 되는 것, 예상치 못했던 어려움에 대해서도 이야기해달라고 부탁했습니다. 어떤 말을 해도 불이익은 없을 것이고 더 지원할 수 있는 방법을 찾아볼 테니 솔직하게 말해달라고 했습니다.

그때 입사한 지 얼마 안 된 호프라는 여직원이 소득증대사업을 실시하면서 발생한 부작용에 대해 털어놓았습니다. 수입이 늘어나면서 마을에 알코올중독자도 증가했다는 것이었습니다. 무슨 소리인가 싶었는데, 곰곰 생각해보니 충분히 일어날 수 있는 일이었습니다.

전통적으로 동부 아프리카에서는 집을 짓거나 가축을 돌보는 일은 남자의 몫이고, 밭농사와 육아는 여자의 몫입니다. 길을 가면서 살펴봐도 부부가 함께 일을 하는 모습은 좀처럼 눈에 띄지 않고, 여자 혼자서 밭을 가는 모습만 보입니다. 가사와 자녀교육도 대부분 여자들 차지입니다. 사정이 이렇다 보니 남자들은 한가하게 나무 그늘 아래 모여 앉아 세상 돌아가는 이야기를 나누며 시간을 보냅니다. 물론 마을의 대소사를 의논하는 경우도 있지만, 대개는 시시껄렁한 대화로 소일합니다. 그러다가 주머니에 돈이 생기면 딴 생각을 하게 되면서 술을 마시는 겁니다. 바나나로 빚은 토속주를 마시다가 집에 갈 생각도 하지 않습니다. 그러다가 하나 둘 알코올중독자가 되어가는 것입니다.

어디에 어떻게 써야 할지 모르는 사람에게 돈은 오히려 독이 됩니다. 돈의 잘못이 아닙니다. 돈을 다룰 줄 모르는 사람이 문제입니다. 개발의 결과는 이렇게 예기치 않은 부작용을 낳기도 합니다.

난민구호와 개발 사업을 20년 넘게 해오다 보니 개발업계의 변화상을 피부로 느끼게 됩니다. 어떤 변화가 있었을까요? 많은 사업들이 있지만 식량분배의 경우를 예로 들어보겠습니다.

저는 개발업계에 발을 들여놓을 때부터 식량에 관련된 사업들을 하면서 잔뼈가 굵었습니다. 현장에서 실시되는 프로그램들이 시간이 지날수록 점점 진화하는 과정을 보고 역시 '인간은 생각하는 갈대'라는 말에 깊이 공감했습니다.

초기에는 구호 차원에서 식량을 무상으로 배급했습니다. 말 그대로 'Free Food Distribution(FFD, 무상식량배급)'이었지요. 그런데 부작용이 만만치 않았습니다. 앞서 얘기했듯이 사람은 공짜로 주어진 혜택에 너무 쉽게 익숙해지고 의존하며 비굴해집니다. 따라서 무상

식량을 분배하는 모습.

식량배급 프로그램은 이후 진화를 거듭하여 오늘에 이른다.

배급 중심의 프로그램은 당장 먹을 것이 없어서 굶어 죽을지 모르는 사람들에 한해 응급처방의 형태로 이루어져야 합니다.

FFD 다음으로 등장한 식량분배 프로그램은 'FFW(Food for Work)'입니다. 스스로 땀 흘려 일한 노동의 대가로 바우처(voucher, 상품권)를 지급받아 가족을 먹여 살릴 식량을 얻게 하는 프로그램입니다. 사람을 나태하게 하지 않고, 자존심을 지키게 해줄 뿐 아니라, 마을의 공공사업에 필요한 노동력을 확보할 수 있게 해주는 진일보한 프로그램입니다.

여기서 한 걸음 더 나아갔다고 볼 수 있는 프로그램이 'Cash for Work(CFW, 캐시포워크)'라는 것입니다. 식량을 배분하는 대신 현금을 지급하는 방식입니다. FFW의 단점 중 하나는 식량을 운반하는 데 걸리는 비용과 시간이 전체 프로그램에서 차지하는 비중이 너무 커 비효율적이라는 것입니다. 또한 지역경제의 식량 관련 상업과 유통 분야를 위축시킬 소지가 있습니다. CFW에서는 프로그램에 참여한 사람들이 노동력을 제공하고 받은 돈으로 자신에게 필요한 식량의 종류와 분량을 선택하여 구입할 수 있을 뿐 아니라, 단체에서도 각종 인건비와 식량 수송 및 보관 경비를 아낄 수 있고, 동시에 지역의 상업을 활성화할 수 있는 일석삼조의 장점이 있습니다.

예를 들어서 프로그램의 변천 과정을 설명해볼까요? 앞에서 중국제 농기구의 물결에 직면한 우간다 대장장이의 이야기를 꺼낼 때

Seeds & Tools이라는 프로그램을 소개했습니다. 난민으로 떠돌다가 고향으로 돌아와도 농사 지을 씨앗과 농기구가 없는 농부들에게는 참으로 필요한 도움입니다. 그런데 꼭 필요한 이 사업에도 다른 어려움이 있습니다. 한 단체에서 대량으로 씨앗을 공급하다 보면 100% 좋은 것만 구하기가 어렵고, 또한 그 지역의 풍토에 맞지 않거나 질병에 내성이 없으면 흉작을 보게 됩니다. 다른 분야의 개발사업과 달리 농업 관련 사업은 시작부터 수확까지 상당한 시간을 요하고 많은 노동력이 들어가기 때문에 잘못되면 농민들에게 심각한 피해를 끼치게 됩니다. 농부에게 씨앗은 '農夫餓死 枕厥種子(농부아사 침궐종자, 농부는 굶어죽더라도 씨앗을 베고 죽는다)'라고 할 정도로 중요한 기반입니다.

문제는 이 중요한 씨앗을 NGO가 일괄적으로 대량 구매, 수송, 보관, 분배하다 보면 비효율적일 뿐 아니라 농부들이 자기 사정에 맞게 씨앗을 고를 수 없다는 것입니다. 자기 밭에 심을 씨앗을 가장 정성 들여 고르고 심을 사람은 바로 농부들인데 말입니다.

그래서 고안된 좋은 프로그램이 종자박람회(Seed Fair)입니다. 상인들이 박람회에 씨앗을 가지고 나오면 농부들이 스스로 원하는 곡식과 채소 씨앗을 구매합니다. 농부의 손에는 NGO에서 지급한 바우처가 들려 있고, 상인들은 판매 후 농부들에게서 받은 바우처를 해당 NGO에 가서 현금으로 바꾸어갑니다. 여기서 한 단계 더 나아간 것

종자박람회에서 사용되는 바우처. 농부는 필요한 씨앗을 얻고,

상인은 판매 후 받은 바우처를 해당 NGO에 가서 현금으로 바꾼다.(위)

시장에서 흥정하는 모습을 보면 애덤 스미스의 '보이지 않는 손'이

얼마나 절묘한지 실감하게 된다.(아래)

이 앞에서 설명한 CFW입니다.

식량을 무상으로 배분하는 단계에서 정상적인 경제생활을 영위하도록 지원하는 단계에 이르기까지 식량과 관련된 프로그램들의 변화 형태를 지켜보면서 깨닫게 되는 것이 또 있습니다. 다름 아닌 '보이지 않는 손'의 위력입니다.

상인들과 농부들이 시장에서 만나 흥정하는 모습을 보고 있으면 애덤 스미스의 '보이지 않는 손'이라는 표현이 얼마나 실감나는지 감탄을 금할 수 없습니다. 그들은 배움이 짧아 PCM(사업주기관리)이나 CPS(국가별협력전략)와 같은 전문용어도 모르고 회계나 통계처리 기술도 익히지 못했지만, 제가 고생고생하며 이루려고 한 것보다 더 효율적이고 합리적으로 분배를 실현합니다. 사람들의 생활을 윤택하게 하는 '어떤 힘'이 작용하는 것 같습니다.

이와 같은 보이지 않는 손이 제대로 기능하게 한다면 시장을 대신하는 NGO의 활동이 불필요해질 것입니다. 그들 스스로 지혜를 발휘하여 해결해나갈 수 있을 때까지만 지원하면 되지요. 그런 차원에서 지속가능성(sustainability) 역시 NGO의 손을 통해 맺어질 열매는 아닐 것 같습니다. 저 같은 무중구가 아니라 고향에서 자신의 땅을 일구며 살아가는 사람들의 손에 지속가능성의 결실이 달려 있겠지요.

그렇다면 한국의 일꾼들이 아프리카에 전수할 만한 다른 것이 있을까요? 있습니다. 미국의 개발대학원에서 가장 많이 연구되는 나라가 한국입니다. 다른 나라들이 수백 년에 걸쳐 도달한 산업화와 민주화를 단기간에 성공적으로 이루어낸 나라는 한국이 유일합니다. 다른 개발도상국들로부터 주목받을 만하지요. 하지만 그 이유가 개발의 방법론은 아닙니다. 그보다는 한국이라는 나라의 존재 그 자체일 것입니다. 우리가 할 수 있었으니 당신들도 할 수 있다고 하는 가능성이 그들에게 무언의 격려와 용기가 되어주기 때문입니다. 바로 그 지점에서 우리가 지구촌 이웃들을 위해 어떻게 손을 뻗을 것인가에 대한 보다 심층적 연구가 필요합니다.

개발사업의 효과는 어떻게 평가하면 좋을까요? 분명한 점은 단기적으로 측정할 수 없다는 것입니다. 어쩌면 구호와 개발 사업들이 한 아이에게, 한 마을에, 한 지역에 미치는 효과는 그게 도대체 누구의 공인지도 모를 정도로 푹 묵혀져야만 나타나는 게 아닌가 합니다. 따라서 그에 대한 정당한 평가도 오랜 시간이 경과한 후에나 가능할 것입니다.

우간다에 도착해서 얼마 되지 않았을 때 우추미라는 대형 슈퍼마켓에서 대학원 동기인 제니퍼를 만났습니다. 졸업 후 남편과 함께 우간다에 와서 박사과정의 일환으로 1년간의 리서치를 마치고 미국으로 돌아갈 참이었습니다. 그런데 출국 날짜를 앞두고 살던 집을 비워주어야 하는 상황이었습니다. 그 때문에 고민이라고 하기에 저희 집에 와 있으라고 했습니다. 얼마나 고마워하던지요.

　제니퍼에게 지금 연구하는 분야가 무엇인지, 우간다에서 리서치를 통해서 알게 된 사실이 무엇인지 물어봤습니다. 그녀는 영양 분야를 연구하고 있는데, 조사차 우간다의 시골 지역을 돌아다니다가 어느 마을에서 특이한 현상을 발견했다고 합니다. 다른 마을 사람들과 똑같은 종류의 곡류와 채소를 먹거리로 삼고 있는데도 아이들이 훨씬 더 건강하게 자라고 있다는 것이었습니다. 그래서 원인을 파고들어 가본 결과, 그 마을에서는 아주머니들이 조리할 때 다른 마을 사람들과 다르게 한다는 사실을 알게 되었답니다. 간단히 말해 영양의 손실이 적게끔 음식을 익혀 먹는 조리법을 쓰더라는 겁니다. 아주머니들은 비타민 ABC가 뭔지는 모르지만 어머니와 할머니로부터 배운 대로 음식을 만들고 있었습니다. 그들의 조리법은 무엇이 달랐을까요? 제니퍼가 알아보니 영국의 식민지 시절, 그 마을에 영국의 대학생봉사단이 와서 영양교육을 실시한 적이 있었습니다. 제니퍼는 우간다에서 바로 미국으로 가지 않고 영국의 학교를 찾아가 봉사단에 관련된 기록을 찾아볼 생각이라고 했습니다.

　우간다는 1962년 영국으로부터 독립한 나라입니다. 식민지 시대에 대학봉사단이 다녀갔다고 했으니 그들의 영양교육은 지금으로부터 60여 년 전에 이루어졌을 것입니다. 제니퍼의 연구 결과가 나오면 과거의 교육이 이후에 어떤 효과를 낳는지를 밝혀주는 소중한 자료가 될 것입니다.

개발사업의 효과도 이와 다르지 않습니다. 오랜 시간을 꾸준히 투자하고 지켜보아야 결실을 바라볼 수 있습니다. 근시안적으로 당장의 결과에 집착하지 않고 장기적인 안목과 기다림으로 다가가야 좋은 열매를 맺을 수 있습니다.

성장을 우선할 것인가, 성숙을 지향할 것인가

저는 지금 대학에서 르완다, 부룬디, 콩고, 일본의 학생들과 함께 공부하며 의견을 나누는 가운데 폭넓은 배움을 얻고 있습니다. 큰 축복이지요.

저를 이곳에 불러주신 분이 바로 카즈유키 사사키 선교사님입니다. 저와 같은 NGO에 있었고, 농업 기술을 전수하기 위해 에티오피아에서 8년간 일하다가 영국에서 평화학으로 박사학위를 받고 다시 아프리카로 돌아와 봉사하는 분입니다.

언젠가 학생들 틈에서 그의 수업을 듣게 되었습니다. 과목은 'Community Organizing', 번역하면 '주민조직론'쯤 될 것입니다. 수업 중에 저의 눈길을 끈 한 장의 도표가 있었습니다.

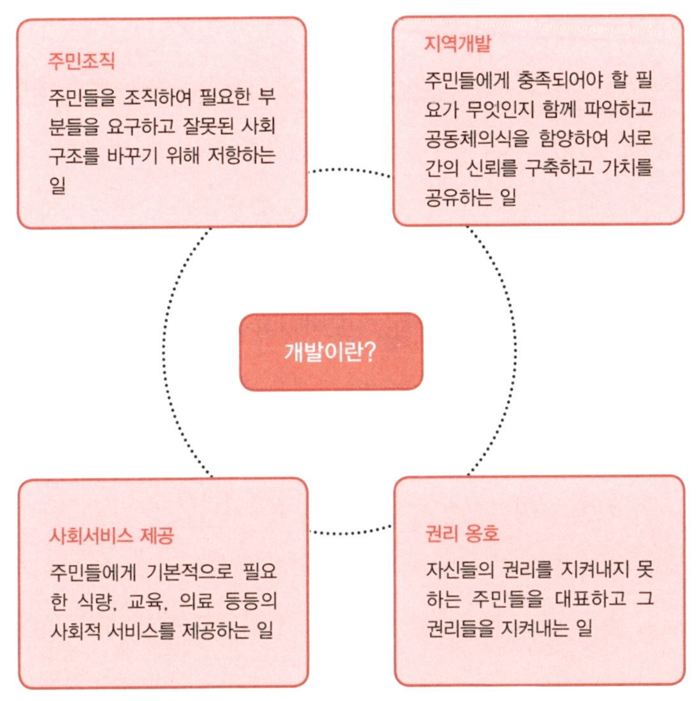

도표에서 보듯 '개발'이라는 개념은 4가지 영역을 모두 포괄합니다. 그런데 저는 그때까지 '서비스 전달(service delivery)'에만 초점을 맞추고 있었습니다. 그것이 전부인 양 착각하고 있었다고 해도 과언이 아닙니다.

개발의 현장을 보면 마치 어린이를 빨리 어른으로 만들려는 듯한 행태들을 볼 수 있습니다. 몸집만 커진다고 어른이 되는 것은 아닐진

대 외형적 성장을 우선시하는 모습을 곳곳에서 확인할 수 있습니다. 어른은 타인과의 관계를 원만하게 유지하고, 가정의 생계를 책임질 줄 알며, 나름의 가치 기준을 가지고 판단할 수 있고, 복잡한 이해관계를 지혜롭게 조화시킬 수 있는 성숙한 사람입니다. 마찬가지로 모든 개발활동은 사람답게 사는 세상을 목표로 현지 주민들의 사회적, 경제적, 정치적 역량을 키우는 데 모아져야 합니다. 구성원들을 보다 성숙한 사회의 일원으로 만들어야 하지요. 우리가 '주민조직'에 주목해야 하는 이유입니다.

눈에 보이는 변화에 치중하는 것이 '성장'이라면, 주민조직과 지역개발(community development)은 '성숙'에 해당합니다. 우리의 개발 사업이 궁극적으로 지향하는 바입니다. 그런데도 현장에서는 성장에 치우친 나머지 그 필요성을 제대로 인식하거나 실행하지 않습니다. 물론 쉬운 일은 아닙니다. 경험과 지식이 부족한 주민들이 스스로 조직을 만들어 운영하고 그 과정에서 시민의식을 키우도록 하려면 온갖 저항과 장애물을 넘어서야 할뿐더러 끝을 알 수 없는 시간과의 싸움을 이겨내야 합니다. 게다가 억압적인 정치 문화를 가진 나라일수록 엄청난 고통을 수반하게 됩니다. 그래서 더욱 장기적이고 지속적인 지원과 노력이 필요합니다.

우리에게도 그런 시절이 있었습니다. 다른 나라 사람들이 개발도상국 한국을 위해 봉사하고 희생한 이야기를 들어보았는지요? 여기에 그에 관한 글을 소개합니다. 김동춘 성공회대 교수가 '다산포럼'이라는 웹사이트를 통해 공유한 글의 일부입니다.

작년 독일에 체류하는 동안 여러 곳을 방문했고 많은 좋은 사람들을 만났지만, 그중 인상 깊었던 것은 쾰른의 '아시아재단(Asienstiftung)' 연례발표회에 참석한 일이었다. 학계, 언론계, 사회운동 관계자들이 모여 아시아 각국의 민주화 관련 현안을 놓고 토론하는 자리였다. (…)

방글라데시 분과에서는 봉제공장 노동자들 1,000여 명이 건물이 무너져 사망한 사건이 주제였는데, 모 기업이 독일 회사였기 때문에 독일 연방정부나 의회에 압력을 넣어 피해자 보상 및 노동조건 개선을 해야 한다는 논의도 있었다.

그런데 이 행사를 주관한 아시아재단, 그리고 이 재단과 연례발표회의 가장 중요한 주체인 독일의 코리아협의회(Korea Verband)가 모두 7, 80년대 독일에서의 한국 민주화운동을 크게 지원했던 프로이덴 버그(Prof. Dr. Günter Freudenberg) 교수가 전 재산을 기탁하여 만들어진 것이라는 이야기를 듣고 신선한 충격을 받았다. 그가 독일 재벌가 후손이라서 재력이 있었다고 하지만, 그래도 아시아 민주주의를 위해 이런 일을 했다는 이야기를 듣고서 새삼 독일이라는 나라의 힘을 느끼게 되었다. (…)

독일은 국가주의 전통이 매우 강할 것이라는 선입견과 달리 민간 재단, NGO 등의 활동도 매우 활발하다는 인상을 받았다. 독일에는 현재 민간·공공 부문 포함 2,000개 이상의 재단이 있고, 베를린에만 정부·개인·기업이 출연한 수십 개의 크고 작은 새난이 있어 독일 문제뿐만 아니라 유럽연합 및 세계의 공적 현안에 대한 교육연구활동을 지원한다는 사실도 알았다. (…)

나는 아시아는 한국에 무엇인가, 그리고 한국은 다른 아시아 국가들에 어떤 존재여야 하는가 묻는다.

꼭꼭 씹어 읽으며 사람들과 나누고 싶은 글입니다. 한국의 민주화와 시민사회 지원을 위해 사재를 들여 평생 노력해주신 독일의 교수님과 그의 뜻을 받들어 한국뿐 아니라 아시아의 시민사회를 위해 노력하는 독일 시민들에게 깊은 감사와 진한 감동을 느꼈습니다. 또한 개발은 한 사회의 정치와 무관한 서비스 전달에 그치는 것이 아니라는 단순하고도 명백한 사실을 깨달았습니다. 그리고 묻게 되었습니다.

'르완다는 한국에 무엇인가, 한국은 르완다에 무엇인가?'

어릴 적 놀이공원에서 자신의 키보다 높은 벽으로 둘러싸인 미로에 들어섰다가 출구를 찾지 못해 헤맨 경험이 있는 분들이 있을 겁니다. 출구가 이쪽에 있겠지 하고 들어갔다가 번번이 막다른 상황에 처하게 된 당혹스러운 경험은 아프리카에서 개발사업에 참여해본 사람들에게는 생소하지 않은 보편적인 일입니다.

저는 아프리카(주로 동부 아프리카)와 아시아 일부에서 구호와 개발사업에 몸담아오면서 자주 혼란에 빠지곤 했습니다. 구체적인 각론으로 들어갈수록, 시간이 지날수록 더 자신감을 잃어갔다는 것이 솔직한 고백입니다. 그럴 때마다 처음으로 되돌아가 어느 단추가 잘못 꿰어졌는지 생각해보았습니다.

지구상에서 유라시아를 제외한 가장 큰 대륙, 인류의 조상이 살기 시작한 곳으로 알려진 아프리카는 오늘날에는 가장 열악하고 빈곤한 지역의 대명사가 되었습니다. 아름다운 자연과 풍부한 천연자원이 매력적이지만, 서구 열강의 식민통치와 수탈로 만신창이가 되었기 때문이지요. 지금도 불행했던 과거로부터 완전히 탈피하지 못하고 국가와 종족 간 분쟁이 종식되지 않아 사람들이 고통에 시달리고 있습니다.

세계 각국에서 그리고 NGO와 같은 단체들에서 신음하는 아프리카를 위해 각종 사업을 벌여왔습니다. 이미 꽤 오랜 시간이 지났지만 현재진행형입니다. 그런데도 여전히 뚜렷한 결론을 내지 못한 이슈가 있습니다. 바로 개발의 주체에 관한 것입니다. 시장(market)인가, 정부(state)인가?

현재 구호개발기금의 절대적인 몫을 부담하고 있는 WB, IMF, 각국 정부의 기금을 기획, 운용하는 사람들이나 현장에 있는 UN기구, NGO들은 한마디로 시장경제를 신봉합니다. 식량 프로그램의 변천 과정을 살펴보아도 CFW와 종자박람회가 가장 진일보한 프로그램으로 여겨지고 있는데, 이는 지역 시장을 활성화한다는 인식에 기반한 것입니다. 빈민에 대한 소액대부사업(Banking for the Poor)으로 노벨 평화상을 받은 무함마드 유누스의 그라민은행도 그 밑바탕엔 시장경제에 대한 신뢰가 깔려 있습니다.

그렇다면 시장경제는 개발도상국, 저개발국가의 치료제가 되어줄 수 있을까요? 세계 곡물시장을 좌우하는 국가는 아프리카나 아시아의 국가들이 아닌데 농업 개발을 통해 경제를 일으키는 것이 가능할까요? 먹고 살 곡물도 부족한데 돈이 되는 현금작물(cash crop)을 장려하는 이유는 무엇일까요? 국제무역에 대한 시장경제이론의 근간으로 일컬어지는 데이비드 리카도의 비교우위는 산업을 일으켜 세우려는 개발도상국들에 타당한 설명일까요?

케냐와 우간다, 르완다 같은 동아프리카 국가에서는 커피와 차가 관광업 다음으로 많은 외화를 벌어들이는 주요 수출품입니다. 하지만 식량 생산이 부족한 국가에 적합한 작물인지는 의문입니다. 대부분 식민지 시절에 플랜테이션농업으로 시작되었는데, 해외시장에서 좋은 가격에 팔려 식량을 수입하고 남을 정도라면 그나마 괜찮겠지만 실상은 그렇지 않습니다. 가격의 변동폭이 매우 커서 불안정한 상황에서 벗어나지 못하고 있습니다. 비교우위가 있어도 무역 조건을 개선하기 어렵고 그렇다고 다른 제조업이나 서비스업으로 옮겨가는 것도 만만하지 않은 일입니다.

안정적이지 못한 시장의 대안으로 정부의 계획경제를 내세우는 학자들이 있습니다. 정부가 경제 전반을 기획하고 통제하여 생산력을 높일 수 있다고 주장합니다. 좋은 예가 '아시아의 네 마리 용'으로 불리는 한국, 대만, 홍콩, 싱가포르입니다. 강력한 정부 정책으로 눈부신 성과를 거둔 국가들입니다. 하지만 비슷한 정책을 썼다가 뼈아픈 실패를 맛본 나라들이 한둘이 아닙니다. 추진 주체와 환경 등이 다르기 때문입니다. 게다가 아프리카 국가들의 면면을 보면 정부 주도의 개발로 성공할 수 있다는 희망을 갖기가 어렵습니다. 정치적 혼란과 정부의 억압, 관료들의 부정부패가 심각하기 때문입니다. 한국을 비롯한 아시아 국가들의 성공 사례는 깊이 연구할 만한 가치가 충분하지만, 그 모델을 모든 개발도상국들에 일률적으로 적용하기에는 무리가 있습니다.

시장인가, 정부인가는 명확한 결론을 내리기가 어려운 이슈입니다. 시장의 기능에 맡기는 것이 낫다는 시각이 우세해 보이지만, 혼란과 위기를 시장 스스로 해결하지 못해 엄청난 고통을 야기하기도 합니다. 그래서 정부의 역할을 강조하지 않을 수 없지만 여기에도 균형과 조화가 중요합니다.

개발과 관련하여 우리의 고민거리는 또 있습니다. 가시적인 성과가 금방 나타나지 않거나 계량화할 수 없는 프로그램은 기부자들에게 환영받지 못한다는 것입니다. 저개발국가들에서 취약한 아동과 여성 인권, 가정 폭력 등의 문제는 당장 시급한 식수, 식량, 소득 관련 사업에 항상 우선권을 내주게 됩니다. 현지인들도, 현지 수요조사를 맡은 사람들도 즉각적이고 물질적인 가치에 먼저 눈을 돌리기 때문입니다. 그래서 많은 시간을 요하면서 성과를 측정하기 어려운 사업,

즉 전쟁의 재발을 막거나 사회를 안정시키는 데 필수인 사업에서는 인력이나 기금을 조성하는 일이 무척이나 어렵습니다.

개발단체들은 인간에게 가장 필요한 것과 급히 필요한 것은 다를 수 있다는 점을 항상 염두에 두어야 합니다. 경우에 따라서는 개발단체가 나름의 철학과 비전에 따라 가장 중요하고 보편적인 지역사회의 가치 실현을 위해 과감하게 사업을 추진할 필요도 있습니다. 그렇지 않으면 정작 중요한 수혜자들을 뒤로한 채 기부자들을 기쁘게 하는 일에만 매달리게 될 가능성이 큽니다.

본말이 전도되는 잘못된 현상을 바로잡고 개발의 목표를 향해 중심을 잡고 흔들림 없이 나아가려면 어떻게 해야 할까요?

저는 개인과 단체, 정부 등 사업 주체들이 개발과 관련한 모든 논의를 뚜렷한 개발 철학과 목적 정립에서부터 시작해야 한다고 생각합니다. 개발사업에 대한 철학의 빈곤이 문제의 근본적 해결과 가치 중심의 활동을 저해하는 주범입니다. 또한 이 철학은 머리가 아니라 가슴에서 출발하는 정직과 성실의 철학이어야 합니다. 사업의 수혜자와 공여자로서가 아니라 인간과 인간이 만나 진정한 이웃으로서 문제를 함께 풀어가는 그런 철학 말입니다.

인류를 구하는 것은
종교인가, 이성인가

몇 년 전의 일입니다. 큰딸 훈희가 읽을 만한 책을 사달라고 하기에 한국에 잠깐 들렀을 때 책 몇 권을 구입한 적이 있습니다. 천천히 고를 시간적 여유가 없어 '뉴욕타임스 베스트셀러(New York Times Bestseller)'라고 표기된 책들을 샀습니다.

훈희가 그때 산 책들 중 하나를 읽고 이야기를 들려주었습니다. 호랑이와 남자아이가 함께 보트를 타고 있는 그림이 그려진 표지의 책이었습니다. 저는 그 책을 사면서 표지만 보고는 어릴 적 읽었던 《정글북》에서 아이 모글리가 늑대, 표범, 곰 등과 어울리며 보여준 인간과 동물의 교감을 다룬 어린이책이라고 생각했습니다.

훈희의 이야기는 저의 예상과 전혀 달랐습니다. 바다 위에 떠다니는 섬이 있다는 것이었습니다. 하지만 바다 위의 섬 이야기는 처음 듣는 것이 아니었기에 그냥 그런가 보다 했지요. 태평양 한가운데 한

반도 면적의 7배에 달하는 거대한 쓰레기섬이 있다는 이야기를 들은 지도 얼마 되지 않았을 무렵이었습니다. 딸아이는 책에 나오는 섬이 떠다닐 뿐 아니라 전체가 식물로 이루어져 있다고 했습니다. 고지 곧대로 믿는 듯했습니다. 하지만 저는 그 이야기를 '종교 · 철학적 메타포가 아주 풍부한 허구'라고 생각했습니다. 캐나다 작가 얀 마텔(Yann Martel)이 쓴 《파이 이야기(Life of Pi)》라는 소설의 내용입니다. 대만 출신의 리안(이안) 감독이 영화(라이프 오브 파이)로 제작하여 큰 주목을 받기도 했지요.

저는 색다른 이 영화의 결말에 깊은 인상을 받았습니다. 주인공 파이는 인도에서 캐나다로 가던 중 타고 있던 배가 침몰하여 226일 동안 바다를 표류하다가 기적적으로 생환합니다. 배가 침몰하게 된 경위를 알아보기 위해 찾아온 선박보험회사 직원들에게 자신이 겪은 일들을 이야기해주는데, 직원들이 믿지 못하고 '진짜' 이야기를 들려달라고 하자 다른 버전을 들려줍니다. 그렇게 해서 같은 사건을 다룬 2가지 버전의 이야기가 탄생하게 됩니다.

• 첫 번째 버전

침몰하는 배에서 탈출한 오랑우탄, 얼룩말, 하이에나, 호랑이, 아이가 한 구명보트에 타고 표류하다가 호랑이와 아이만 구사일생으로 목숨을 부지해 멕시코 해안에 도착한다(영화의 90%를 차지함).

• 두 번째 버전

처음부터 동물들은 없었고 선원 하나가 부상으로 죽고 타고 있던 요리사가 죽은 선원을 낚시 미끼로 사용한다. 이를 나무라는 파이의 엄마와 다투다가 요리사가 엄마를 죽이고, 분노를 참지 못한 파이가 요리사를 죽인다. 그리고 그 인육을 먹고 살아남아 육지에 도착한다 (5분 정도의 설명으로 끝남).

보험회사 직원들은 두 번째 이야기를 듣고 그제야 좀 납득이 된다는 반응을 보입니다.

이 영화가 제게 흥미를 끈 것은 환상적 화면이나 극적 반전 때문만은 아니었습니다. 이성과 종교의 대립을 다양한 은유와 상징으로 표현한 부분이 저의 마음을 사로잡았습니다.

영화에서 파이의 아버지는 이성을 대변하는 어른으로 나와 아들이 갖고 있는 다원주의적 종교성의 문제를 지적합니다.

"동시에 3개의 종교를 믿을 수는 없어. 모든 것을 동시에 믿는다는 것은 그 어느 것도 믿지 않는다는 것과 같은 말이야."

파이의 엄마가 아들을 변호하고 나섭니다.

"아들은 스스로 자기의 길을 찾고 있는 거예요."

이성적인 아버지는 단호하고 확고하게 말합니다.

"여러 개의 길 중에서 하나를 선택하지 않는다면 어떻게 그 길을 갈 수 있겠어?"

아버지는 현대 교육의 선봉이랄 수 있는 과학을 들고 나옵니다.

"이 종교에서 저 종교로 왔다 갔다 하는 대신 이성에서 출발하면 되지 않을까? 종교가 천년 만년 횡설수설해온 우주에 대해 과학은 200~300년 만에 더 많은 것을 가르쳐줬잖아."

어머니는 종교는 과학과 다른 영역을 주관한다고 말합니다.

"과학은 세계에 대해서 가르쳐주긴 하지만 인간의 마음은 알려주지 못해요."

과학은 인간을 둘러싼 바깥 세계를 연구하고, 종교는 인간 내부의 정신세계를 다룬다는 말이지요.

합리주의의 화신인 아버지는 아들에게 이렇게 말합니다.

"우리 모두가 매번 똑같이 동의하리라고 생각하지 않는다. 하지만 나는 네가 무언가를 맹목적으로 믿어버리지는 않았으면 한다. 설령 나와 다른 결론을 본다 해도 최소한 이성적으로 접근해본 것이었으면 좋겠다."

아버지가 아들에게 당부한 말은 믿음의 위험성을 잘 알아서였는지 모릅니다. 믿음은 사람을 배타적으로 만드는 경향이 있습니다. 하나

를 믿으면 다른 모든 것은 믿을 수 없는 존재가 되어버립니다. 2개의
우주에서 동시에 살 수는 없는 노릇입니다.

〈라이프 오브 파이〉에는 힌두교의 세계관이 투영된 장치와 장면이
많습니다. 영화에서 물은 전체의 배경일 뿐 아니라 중요한 의미를 내
포합니다. 바로 생명의 원천이기도 하면서 모든 것들을 파괴할 수 있
는 힘이기도 합니다. 바다라는 엄청난 양의 물 위에서 파이는 마실 물
이 모자라 고통을 받다가 간간이 내리는 빗물을 받아 목숨을 이어갑
니다. 때로는 폭풍우 속에서 물에 빠져죽을까 공포에 떨면서도 그 물
이 보트를 받쳐준 덕분에 해안에 도착하여 살아날 수 있었습니다.

영화 중간에 나오는 식인섬은 캄캄한 밤바다 위에서 녹색빛의 가
로누운 여성의 형상을 하고 있습니다. 생명과 죽음을 관장하는 힌두
교 최고의 신 비슈누(Vishnu)입니다.

'비슈누! 지존의 존재! 모든 것의 근원! 비슈누는 끝없는 우주의 바
다에 누워서 잠자고 있다. 우리는 그의 꿈속에 나오는 것들일 뿐.'

목마른 파이가 실컷 물을 마시던, 섬의 한가운데에 있는 연못은 여
성의 자궁을 의미합니다. 생명의 근원이자 출발을 상징하지요. 연못
은 낮에는 섬 안의 모든 동식물에게 생명수를 공급합니다. 하지만 밤
에는 강한 산성용액으로 변해서 각종 생물들을 녹여 영양분으로 흡
수하는 무시무시한 곳으로 변합니다. 파이는 밤에 오른 나무에서 딴

열매 속에서 사람의 이빨을 발견하고 미처 녹지 않은 이빨이 씨앗처럼 남아 있었다는 것을 알고는 식인섬에서 떠날 것을 결심합니다.

영화의 메타포로 보면 섬은 종교이고, 바다는 우주입니다. 섬 안의 연못은 종교의 핵심인 생명과 죽음의 교리입니다. 그리고 수많은 미어캣들은 종교를 따르는 신도들입니다. 낮에는 연못으로 와서 생명을 누리고 살지만 밤이면 죽지 않기 위해 나무가지 위에 올라가 잠을 잡니다. 작가는 이러한 설정을 통해 생명인 동시에 죽음이고, 경이와 공포를 동시에 느끼게 만드는 종교로서의 힌두교를 보여줍니다. 파이가 섬을 떠난다는 것은 종교에 안주하지 않고 다시 우주(세상)로 나가 종교와 이성 간의 긴장을 유지한 채 떠돌며 살겠다는 것을 의미한다고 볼 수 있습니다.

이 영화는 종교적 세계관을 곳곳에서 보여주지만 여전히 종교에 대해 비판적인 시각을 드러냅니다. 그것을 엿볼 수 있는 대목 중 하나가 '바나나는 뜨지 않는다'는 표현입니다. 파이가 입원한 병원에 찾아온 보험회사 직원들 중 젊은 사람이 파이의 첫 번째 버전 이야기를 듣고 나서 헛소리하지 말라며 내뱉은 말입니다.

"Bananas don't float!(바나나는 물에 뜨지 않는다!)"

바나나는 물에 뜨지 않는 과일이라는 과학적 사실을 들이대며 파이의 증언이 허구라고 따지는 것입니다. 과학실증주의에 경도된 현대인의 모습을 대변합니다. 배가 침몰하는 바람에 큰돈을 물어주게 생겼는데, 동화에나 나올 법한 이야기를 들으니 무슨 귀신 씻나락 까먹는 소리인가 싶었을 겁니다.

그러자 나이든 직원이 파이에게 타이르듯 정중하게 말합니다.

"우리는 보고서에 쓸 알아듣기 쉬운 이야기가 필요해요. 누구라도 읽고 이해할 수 있는 이야기 말이에요."

현대인들이 무엇을 잘 받아들일 수 있는가를 함축한 말입니다.

이성적인 사고를 중시하는 아버지의 생각과 말도 종교 비판에 힘을 보탭니다. 아버지는 병에 걸려 죽을 지경이 되었을 때 그 많은 신들에게 빌었지만 정작 그를 살려준 것은 신이 아니라 서양 의학이 가져다준 약이었다고 주장합니다. 힌두교도들이 강가에서 수많은 등불을 띄우는 행사를 지켜보면서도 아들에게 이렇게 당부합니다.

"정말 장관이다. (그러나) 그럴싸한 이야기와 아름다운 등불에 현혹되지 마라. 종교는 어두움이란다."

호랑이의 위험성을 똑똑히 알려주려고 염소를 가져와 호랑이에게 잡아먹히도록 하는 아버지를 보고 파이가 "동물도 영혼을 갖고 있어요. 눈동자에서 보인단 말입니다!"라고 말하자 아버지는 "동물의 눈동자에서 보았다고 하는 것은 너 자신의 감정이 투영된 것뿐이야. 그 외에는 아무것도 없어!"라며 단호히 응수합니다. 종교에서 말하는 영혼(soul) 또는 정신(spirit)의 존재를 부정하는 것입니다. 결국 그것은 사람이 보고 싶어 하는 것이 반영된 환영일 뿐이라는 말입니다.

작가는 리처드 파커를 통해서도 종교를 고발합니다. 그런데 이 호랑이는 원래 이름이 리처드 파커가 아니었습니다. 목이 말라 샘물을 마시러 왔던 호랑이 새끼를 포획한 사냥꾼이 동물원에 보내려고 기차에 싣던 도중 철도청 직원(clerk)이 실수로 호랑이 이름과 탁송인 이름을 바꿔서 기입합니다. 사냥꾼의 이름은 리처드 파커, 호랑이 이름은 목이 말라 샘을 찾아온 놈을 잡았다고 해서 서스티(thirsty, 목마름)였는데, 사냥꾼 리처드 파커가 졸지에 호랑이 리처드 파커가 되어버린 것입니다.

여기서 잠깐. '직원의 실수(clerical error)'를 살펴보지요. clerical은 일상적이고 반복적이라는 의미 외에 cleric(성직자)이라는 뜻을 내포하고 있습니다. 즉, 영화는 직원의 실수라고 하면서 은연중 사제의 실수라는 식으로 비꼬고, 사제도 직원처럼 반복되는 일을 수행하면서 실수를 저지른다는 점을 지적하는 것입니다.

그렇다면 리처드 파커는 누구이고, thirsty의 종교적 의미는 무엇일까요?

미국 작가 에드거 앨런 포의 장편소설 《아서 고든 핌의 이야기(The Narrative of Arthur Gordon Pym of Nantucket)》를 보면 침몰한 배에서 선원들이 표류하다가 한 사람을 잡아먹고 살아난 이야기가 나오는

데, 그 먹힌 사람의 이름이 바로 리차드 파커였습니다. 그때부터 해상에서 발생한 사고에서 희생된 사람들을 리처드 파커로 부르기 시작했다고 합니다. 배 건조술이 지금처럼 발달하지 않았던 18~19세기에는 배들이 침몰하는 사건이 잦았고, 그런 때마다 리처드 파커라는 이름의 희생자가 나오게 된 것입니다.

thirsty는 기독교에서 영혼의 갈구를 표현하는 대표적인 형용사입니다. 신과 영원에 대한 갈망을 '목마르다'라는 말로 표현합니다. '요한복음(4장 13~14절)'에 예수 그리스도와 사마리아 여인이 대화하는 부분이 있습니다.

"예수께서 대답하여 가라사대 이 물을 먹는 자마다 다시 목마르려니와 내가 주는 물을 먹는 자는 영원히 목마르지 아니하리니 나의 주는 물은 그 속에서 영생하도록 솟아나는 샘물이 되리라."

영화에서도 thirsty에 대한 성경적 의미를 찾아볼 수 있는데, 파이가 어릴 적 교회에서 성수를 마시는 장면에서 사제가 물을 가져다주며 "You must be thirsty(목마를지어다)"라는 말을 건넵니다. 또 어른 파이의 입을 통해 사제(직원)들의 실수로 영혼의 갈증을 느끼는 인간이 사람을 잡아먹는 리처드 파커로 뒤바뀌었다는 의미의 말을 합니다. 종교(기독교)에 대한 어마어마한 고발이 아닐 수 없습니다. 목마른 영혼들에게 식인종이라는 이름을 붙여준 셈입니다.

영화는 종교에 대해 비판적 시각을 견지하지만, 배가 침몰한 이유에 대해서는 끝까지 설명하지 않고 침묵합니다. 보험회사 직원들이 배의 침몰 원인을 설명해달라고 하자 파이는 큰 소리로 대답합니다.

"몰라요. 타고 있던 배가 침몰했단 말입니다. 그 외에 도대체 무슨 이야기를 저한테서 듣고 싶은 겁니까?"

우리가 알 수 있는 것은 배가 침몰했다는 사실뿐입니다. 원인은 알 수 없습니다. 그러니 침묵할 수밖에 없는 거지요. 설명이 불가한 부분은 그대로 두어야 하는 것입니다. 이성도 과학도 개입할 여지가 없습니다.

우리 인간은 본질적으로 '던져진 존재(geworfen-sein)'입니다. 이유도 모른 채 그냥 세상에 태어납니다. 왜 태어났는가? 바로 그 지점에서부터 인간의 회의와 질문이 시작됩니다. 존재에 대해서도 명확히 설명하기가 어렵습니다. 그 밖에도 내게 과연 자유가 있는가, 있다면 나는 무엇을 책임질 수 있는가, 자유가 없다면 도대체 무슨 의미가 있는가를 묻게 됩니다. 여기에 종교와 철학의 영역이 존재합니다.

영화는 왜 배가 침몰했는지 알려주지 않고 파이와 호랑이를 바다 위에 던져진 존재로 묘사합니다. 그것을 통해 우리는 하나의 의미를 발견할 수 있습니다. 배의 침몰은 삶을 지탱해주는 기반인 신뢰의 상실과 다름 아니라는 것을. 침몰 장소가 지구에서 가장 깊은 곳인 마리아나해구 바로 위였다는 사실을 통해 영화는 우리에게 '인간의 믿음은 바다의 심연에서 떨어졌다'는 메시지를 전하고 있습니다. 그리고 그것은 한편으로, 자신이 살기 위해 다른 사람을 죽일 수밖에 없었고 그 고기를 먹을 수밖에 없었던 인간의 극한적 상황을 비유하기도 합니다.

모든 문제는 믿음의 몰락(fall)에서 시작됩니다. 종교에서도 모든 문제는 fall(타락)에서 시작됩니다. 기독교에서는 에덴을 떠난 인간이, 불교에서는 사바의 세계에 던져진 중생이 고통의 길로 들어섭니다. 그리스신화에서는 약속을 깨고 판도라의 상자를 열면서 세상에 악이 퍼지기 시작합니다. 종교인이라면 누구나 이 같은 fall의 위험성을 납득할 수 있을 겁니다. 그래서 종교인들은 고통 속에서도 믿음을 통해 구원의 희망을 붙잡고 살아가는 것입니다.

우리 인간에게는 믿음이 필요합니다. 종교는 물론이거니와 이성도 마찬가지입니다. 과학적인 것만을 믿겠다는것은 검증된 것만 믿겠다는 뜻인데, 그러려면 인간의 이성에 대한 신뢰가 전제되어야 합니다. 침몰한 배에서 빠져나와 망망대해를 건널 수 있다는 보장 또한 이성을 믿지 않으면 생각조차 할 수 없을 것입니다.

"만약 내가 그 섬을 발견하지 못했다면 나는 죽었을 것이다. 또한 그 이빨을 발견하지 못했다면 영영 섬에 묻혀 살았을 것이다. 신은 내가 겪는 고통에 무관심하고 나를 버린 것 같았어도 항상 지켜보고 있었던 것이다. 내가 구원의 소망을 잃었을 때 신은 내게 휴식을 주었고, 계속 항해를 하라는 신호를 보내주었다."

섬을 떠난 파이의 고백입니다.

저는 이 대사에서 작가가 무신론자라기보다 종교가 설명하는 신에 만족하지 못하고 있다는 생각을 했습니다. 종교에 안착하지 못했더라면(섬에 도착하지 못했더라면) 망망대해에서 목이 말라 죽었을 것이며, 그 종교의 실체(식인섬)를 깨닫지 못했더라면 그 속에 매몰되었을 것이라는 뜻으로 받아들였습니다. 하지만 파이는 그 섬을 떠남으로써 궁극적인 인간 구원은 그 속에 있지 않다는 것을 암시해줍니다. 다시 말해서 작가는 파이를 통해 아이러니한 종교의 양면성을 지적하면서 모든 상황을 지켜보고 있는 신을 언급하고 구원과 계시를 제공하는 분으로 암시함으로써 신 존재 자체를 부정하지는 않는 것입니다.

파이가 뗏목을 만들어 리처드 파커가 타고 있는 보트와 거리를 두고 그 위에서 버틴 일은 종교와 이성을 구분지으려는 인간의 의식구조를 아주 잘 보여줍니다. 보트와 뗏목은 계속해서 가까워졌다 멀어졌다를 반복합니다. 종교와 이성이 그런 것처럼 말이지요. 하지만 그 사이의 밧줄은 끊어지지 않고 둘 사이를 이어줍니다. 보트에도 2개의 영역이 공존합니다. 호랑이가 천막 속에 있을 때는 파이가 보트를 지배하고, 호랑이가 나와서 설칠 때는 파이가 뗏목으로 피해 목숨을 부지합니다. 폭풍우가 몰아칠 때는 파이가 천막 속으로 기어들어가기도 합니다. 이렇듯 보트 안의 천막은 종교적 심성이 잠재되어 있는 마음의 한 부분을 상징합니다.

저는 이 영화가 망망대해 위에서 표류하고 있는 종교와 이성을 상징적으로 표현하고 있다고 보았습니다. 종교도 이성도 동일한 상황에서 구원을 향한 질문에 답을 구하기 위한 항해를 하고 있는 것입니다. 즉, 우리 인류가 늘 다루어온 종교와 이성이라는 두 화두를 절묘하게 하나의 이야기 안에서 풀어간 영화입니다.

이성은 심연에서 침몰한 배에 대해 설명해주지 못합니다. 단지 바다에 빠져 죽지 않도록 이런저런 소도구를 챙겨줄 뿐입니다. 그에 비해 종교는 이성이 설명해주지 못하는 것을 이해할 수 있게 도와줍니다. 인간이 바다를 건너기 위해 필요했던 선과 악의 혼재 속에서 견디게 해줌으로써 마침내 해안에 도착할 수 있도록 이끌어줍니다.

이성은 눈에 보이고 말로 설명할 수 있는 경계에 머물러 있습니다. 그 경계 너머에 대해서는 철저히 침묵합니다. 반면에 종교는 그 경계 너머를 이야기합니다. 우리 인간이 경계 안에 머물지 않는 존재임을 깨닫게 하고 경계를 넘어설 수 있게 해줍니다.

모든 것이 결정되어 있다면 무엇을 선택할 수 있는가

아프리카에서 빈곤과 질병 문제로 씨름하다 보면 결국 도달하게 되는 질문이 있습니다.

'인간과 세상은 얼마나, 어떻게 변화할 수 있는가?'

즉, 변화의 가능성인데 때로는 상당히 부정적인 생각에 빠지게 됩니다. 변해야 달라지고 새롭고 보다 나은 상태를 만들 수 있는데, 변화를 가로막는 것들이 불쑥불쑥 나타납니다. 특히 변화를 외면하거나 거부하는 모습에서 넘어서기 힘든 벽을 마주한 듯 막막한 느낌에 사로잡히곤 합니다. 자신을 둘러싼 환경을 숙명적으로 받아들이려는 태도와 고정관념의 노예 같은 행동이 저를 고민에 빠지게 합니다. 이 넓디넓은 바다에 돌 하나를 던져 넣는다고 무엇이 달라지겠는가, 스스로 움츠러들기도 합니다.

인간은 누구나 환경의 지배를 받는다는 생각은 부정하기 어렵습니다. 제가 살고 있는 아프리카뿐 아니라 세계 어디를 가도 확인할 수 있는 현실입니다. 저 또한 환경에서 자유롭지 못한 존재입니다. 그렇다면 환경을 바꾸는 일은 어떨까요? 결정된 환경 속에서 살아가는 인간에게 그것은 가능한 일일까요? 새로운 미래를 만들어갈 자유(의지)가 있기는 한 걸까요?

세상은 이미 결정된 대로 흘러간다는 생각과, 그럼에도 불구하고 인간은 자유의지를 가지고 뭔가 변화를 위한 시도를 해볼 수 있다는 생각 사이에서 헤매던 제가 좀 더 깊이 생각을 정리해볼 수 있는 기회가 있었습니다.

심리학 개론서를 보면 보기에 따라 매부리코 할머니로, 고개를 돌린 귀부인의 옆모습으로 보이기도 하는 그림이 나옵니다. 그림을 보여주면서 어떻게 보느냐를 보고 그 사람의 심리를 파악하는 것입니다. 이 모호한 그림을 보면 연상되는 영화가 있습니다. 〈매트릭스(The Matrix)〉입니다.

〈매트릭스〉는 그림에서처럼 2가지 시각이 아닌 매우 다양한 관점을 복합적으로 그려냅니다. 서로 다른 사상과 종교, 사이버 세계 등을 둘러싼 광범위한 주제들을 하나의 줄거리로 흥미롭게 풀어냅니다.

대강의 줄거리는 이렇습니다. 가상의 세계인 매트릭스에서 살고 있는 사람들이 있습니다. 그들 중 일부가 자신들이 사는 세상은 현실이 아니라, 인간들을 고치 속에서 사육하는 기계가 심어준 환상이라는 사실을 깨닫고 탈출을 시도합니다. 그리고 주인공인 네오(Neo)의 메시아적 희생을 통해 한 번도 성공해본 적이 없는 기계로부터의 자유를 얻게 됩니다.

제가 이 영화를 보면서 큰 흥미를 느낀 것은 '느부갓네살(Nebuchadnezzar)'이라고 하는 배 이름 때문이었습니다. 정확히는 'Mark III No.11/Nebuchadnezzar/Made in USA/2069'인데 그대로 해석하면 '2069년산 미국제 모델명 마크 3 시리얼넘버 11 느부갓네살'입니다. 하지만 의미가 그렇게 간단하지 않습니다. 느부갓네살은《구약성경》'다니엘서'에서 바빌로니아제국의 최전성기를 구가했던 왕의 이름으로, 앗시리아가 북이스라엘을 멸망시킨 후에도 한동안 독립을 유지하던 유다왕국을 무너뜨린 인물입니다. 중동에서는 지금까지도 추앙받는, 가장 위대한 왕의 상징이지요. 또한 마크(Mark)는 '마가복음'에서 마가의 영어식 발음으로, 모델명 마크 3 시리얼넘버 11은 '마가복음 3장 11절'을 가리킵니다.

"더러운 귀신들도 어느 때든지 예수를 보면 그 앞에 엎드려 부르짖어 가로되 당신은 하나님의 아들이니이다 하니"

바로 하나님의 아들을 태우고 다니는 배가 느부갓네살이 되는 것입니다.

영화의 주인공 네오(Neo)의 이름도 이렇게 해석할 수 있습니다.

Neo는 새롭다는 뜻의 New라고 할 수도 있으나, 영화가 지향하는 구세주(You are the one)라는 의미의 One을 철자만 바꾸어 표기한 이름으로 풀이됩니다.

인간이 건설한 지하도시 시온(Zion, 자이온)은 어떨까요? 원래 시온은 이스라엘에 있는 산 이름으로, 《성경》에서는 장차 도래할 하나님의 나라를 상징하는 단어입니다. 영화에서는 인간들을 조종하고 지배하는 매트릭스에서 탈출하기 위해 모인 깨달은 자들의 도시로 나옵니다. 매트릭스를 설계한 기계왕 아키텍트(Architect)는 이 도시를 파괴하기 위해 부단히 애를 쓰고, 인간들은 그에 필사적으로 저항합니다. 하지만 상대가 되지 않습니다. 워낙 아키텍트는 강한 존재이니까요. 그때 기적적으로 구세주 네오가 나타납니다. 아키텍트는 네오에게 일곱 번째 찾아온 구세주라며, 진작에 시온을 파괴했어야 한다고 말합니다. 네오는 아키텍트에게 위협적인 존재(스미스 요원)를 제거해주는 조건으로 시온을 건드리지 않겠다는 약속을 받아냅니다.

이 영화는 전체적으로 신적인 존재로 아키텍트를 올려놓고 시온의 인간들과 대결하는 구도로 짜여 있습니다. 그러니까 시온은 《성경》과 거꾸로 인간이 건설한 도시로, 파괴적인 독재자로부터 인간들을 지켜내는 본거지가 되고, 전지전능한 사랑의 신은 인간에게 허구와 환상을 심어주는 기계왕으로 대체되는 것입니다. 참으로 절묘한 도치적 전용을 통해 반기독교적인 내용을 설파하는 영화라고 할 수 있습니다. 네오를 메시아로 내세우는 등 기본 골격을 《성경》에서 차용했지만 내용은 그에 반하는 디테일들로 채워넣은 것입니다. 《성경》은 하나님이 인간을 자유인으로 창조했으나 자유를 가진 인간이 타락하게 되었고 그 타락의 비참함으로부터 인간을 구원하기 위해 메시아 예수 그리스도를 보내셨다고 이야기하는데, 영화는 이것을 뒤집어 이 세상은 신에게 순종해서 회복되는 그런 세상이 아니라 오히려 그런 상황에 저항할 때 자유롭게 된다는 메시지를 전합니다.

기독교에 반하는 구도와 메시지를 제외하면 영화 전편에 흐르는 철학적 긴장은 '결정론과 자유의지'의 문제입니다. 구세주를 찾기 위해 시온에서 파견된 전사인 모피어스(Morpheus, 모르페우스)는 그리스신화에 나오는 꿈의 신과 이름이 같습니다. 신화에서 모르페우스는 어떤 형상으로든 인간의 꿈속으로 들어올 수 있는 신으로, 그가 사는 세계가 바로 꿈의 세계입니다. 영화 속 모피어스는 매트릭스와 현실을 넘나들며 활약을 펼치는 안내자로서, 신화 속 모르페우스처럼 현실에서 꿈으로 인도하는 것이 아니라 매트릭스에 갇혀 있는 인간들을 현실로 안내하는 정반대의 일을 담당합니다. 모피우스는 네오가 구원자라는 것을 의심하는 사람들을 향해 이렇게 말합니다.

"그것은 막연한 희망이 아니라 시간문제일 뿐입니다."

반드시 일어날 일이라는 말입니다. 바로 여기서 믿음의 문제가 제

기됩니다. 믿는다는 것은 무엇일까요? 막연한 희망에 집착하는 편집
증적 현상일까요? 증명하고 또 증명해도 남게 되는 미지의 영역에 대
한 반응일까요?

저는 믿음이 결정론을 전제한다고 봅니다. 이미 결정되었다는 전
제가 없으면 믿음은 생겨나지 않는 것 같습니다. 1980년대 학생운동
에 참여한 친구들이 읽은 책이나 토론한 내용 중에서 가장 많았던 부
분은 역사, 특히 변증법적 역사 발전이었습니다. 프롤레타리아독재
와 공산주의는 역사의 정점이기 때문에 이 시대의 모순과 그에 따른
붕괴는 역사적으로 결정되어 있다는 사고가 운동권 내부에 팽배했습
니다. 물론 이후의 역사는 그런 믿음과 전혀 다르게 흘러갔지만, 중요
한 것은 불확실한 미래와 미지의 영역에 대해서는 확신할 수가 없다
는 사실입니다. 지금은 알 수 없으나 언젠가 반드시 이루어질 것이라
고 하는 믿음은 이렇듯 결정론적 사고에 바탕을 두고 있습니다.

영화 〈매트릭스〉는 이러한 믿음의 메커니즘을 너무도 잘 이해하고
있는 듯합니다. 시온에서의 전쟁을 앞두고 마련된 축제의 밤에 모피
어스가 시민들에게 확신에 찬 연설을 합니다.

"저는 지금 여러분 앞에 두려움 없이 서 있습니다. 왜냐고요? 여러
분이 모르는 그 무엇인가를 믿기 때문일까요? 천만에요. 제가 두려움
없이 이 자리에 서 있는 이유는 제가 무엇인가를 기억하기 때문입니
다. 우리가 걸어온 길을 기억하기 때문입니다. 우리는 죽지 않고 여전

히 살아 있다는 사실 말입니다."

100년 동안 자신들을 위협해온 기계의 공격으로부터 죽지 않고 생존해 있다는 사실 그 자체가 자신의 굳건한 믿음을 가능하게 한다는 표현인데, 정말이지 감탄사가 절로 나오는 연설이 아닐 수 없습니다. 인간은 본질적으로 눈에 보이지 않는 것, 시간적으로 아직 일어나지 않는 미래에 대해서는 믿음을 갖기 어렵습니다. 하지만 이미 걸어온 길이나 그 과정에서 일어난 일들에 대해서는 확실히 알고 이해할 수 있으며 믿음을 가질 수 있습니다. '콩 심은 데 콩 나고 팥 심은 데 팥 난다'는 속담처럼 과거가 현재와 미래를 말해주는 것입니다. 바꾸어 말하면 재현 가능성(reproducibility)이 믿음을 낳고, 이게 없으면 삶은 혼돈으로 가득하게 됩니다.

영화는 알고 보면 세상 모든 일이 믿음의 결과이므로 믿는 대로 행동하라고 가르치기까지 합니다. 머릿속에 각종 전투 기술 프로그램을 업로드한 네오가 모피어스와 대련하는 장면이 나오는데, 아무리 애를 써도 제대로 된 공격을 하지 못합니다. 계속 허공에 주먹질을 해대는 네오에게 모피어스가 한 방을 먹이고 나서 한마디 합니다.

"때릴려고 애쓰지 말고 때려라."

말이 안 되는 말 같지만, 믿음에 대해 고민해본 사람은 이 말의 의미를 알 겁니다. 불교의 선문답에도 이와 비슷한 표현이 자주 나오지요. 의미는 분명합니다. 말로만 믿는다고 하지 말고 진정한 믿음이 있다면 과감하게 실천하라는 것입니다.

그런데 결정론적 사고는 우리에게 또 다른 의문을 던져줍니다. 모든 것이 결정되어 있다면 우리 인간에게는 궁극저으로 자유라는 것이 어떤 의미가 있는가 하는 것입니다. 자본주의사회는 결국 공산주의사회로 귀결된다는 마르크스주의 사관을 따른다면 굳이 죽어라 투쟁할 필요가 있겠는가 말입니다. 무언가를 이루기 위해 노력한다 하더라도 바뀌는 것이 없다면 노력도 자유도 아무런 의미가 없게 됩니다. 인간은 그저 기계와 다를 바 없는 존재가 되어버립니다.

그러나 인간은 기계가 아닙니다. 그렇다면 인간을 인간답게 만드는 것은 무엇일까요?

영화는 네오가 예언자인 오라클(Oracle)과 나누는 대화를 통해 그에 대한 힌트를 제공합니다.

"다 이렇게 될 것을 이미 알고 있지 않았나요? 당신도 매트릭스의 일부인데 왜 인간인 나를 돕는 거죠?"

"내가 널 돕는 건지 아닌지를 알아낼 방법은 없다. 그러니 날 믿고 안 믿고는 전적으로 네게 달린 거야."

핵심은 '선택'입니다. 오라클의 말은 네오의 선택으로 예언이 이루어져간다는 것이고, 선택하지 않으면 또 다른 방향으로 갈 수도 있다는 뜻을 담고 있습니다. 이미 예정되어 있지만 인간의 선택이 결과를 바꿀 수도 있음을 시사합니다.

　무엇을 선택할지는 인간의 자유입니다. 선택에 자유가 있습니다. 자유는 인간이 인간이기 위해 필수적인 최고의 가치입니다. 자유가 없다면 우리 인간은 실로 아무것도 아닙니다.

　선택한다는 것은 단지 여럿 중의 하나를 고른다는 의미가 아닙니다. 본질적으로 내가 자유로운 존재인가, 아닌가를 결정짓는 일입니다. 그런데 경우의 수가 한정되어 있다면 선택이 가능하더라도 우리는 결코 자유롭지 못할 겁니다. 영화에서도 모피어스가 파란 알약과 빨간 알약을 내밀며 선택하게 하는 장면이 나옵니다. 파란 알약을 택하면 그대로 매트릭스에 남게 되고, 빨간 알약을 택하면 꿈에서 깨어나 진실의 세계로 들어서게 됩니다. 극적인 선택의 순간입니다. 네오는 빨간 알약을 선택하고 고치 같은 것에서 빠져나옵니다. 그럼에도 불구하고 인간은 결국 아키텍트가 설정한 틀에 여전히 머물게 됩니다.

　선택은 우리가 생각하는 것보다 훨씬 더 복잡하고도 근원적인 의미를 내포합니다. 고민스러운 부분은 선택의 자유가 있다 한들 주어진 환경에서 얼마나 벗어날 수 있는가입니다. 인간은 세상에 던져진 존재이고 세상에서는 수많은 일들이 일어납니다. 결국 우리가 선택할 수 있는 유일한 것은 이 모든 일들에 대해 내가 어떤 태도를 취할 것인가입니다. 그 태도에 따라 삶의 방향과 과정은 완전히 다른 것이 될 수 있을 것입니다. 결과에 대해서는 모르는 영역으로 겸손히 받아 들여야 할 것입니다.

우리는 자신의 태도를 선택할 수 있을 뿐입니다. 그러나 그것은 다른 모든 것보다 크고 중요할 것입니다.

'나는 진실한 사람인가?'

가끔 저 자신에게 던지는 질문입니다. 그럴 때마다 아직 아니라는 생각이 듭니다. 이런저런 허울을 뒤집어쓴 채 여전히 혼란 속에서 방황하고 있다는 자각을 하게 됩니다.

우리의 인생살이를 가식과 진실로 나누어 보여주는 영화가 있습니다. 다소 동화적이기는 하지만, 진실과 진심이 인간관계를, 우리 사회를 아름답게 만드는 가장 소중한 가치임을 선명하게 일깨워주는 영화입니다.

〈굿 윌 헌팅(Good Will Hunting)〉은 참 특이한 영화입니다. 전혀 있을 법한 일이 아닌데도 이야기를 감동적으로 풀어갈 뿐 아니라 그 속에서 무엇이 인생을 풍요롭게 하는지, 모든 고통에도 불구하고 인생은 살아볼 만하다는 긍정의 메시지를 담고 있습니다. 주인공 윌 헌팅의 절친한 친구 처키로 나오는 배우 벤 애플렉이 학창 시절에 직접 쓴 단편소설을 영화화했다고 해서 화제가 되기도 했습니다. 제가 좋아하는 또 한 편의 영화 〈죽은 시인의 사회〉와 비슷한 느낌을 주는 영화이기도 합니다. 그러고 보니 로빈 윌리엄스(숀 맥과이어 역)가 출연한다는 점도 두 영화의 공통점입니다.

이 영화는 하버드대학과 MIT공대의 수학과라는 설정부터 어떤 분위기의 영화인지를 짐작케 합니다. 〈하버드대학의 공부벌레들〉과 같은 부류의 영화일 것만 같은데 아닙니다. 골칫거리 청소부의 별난 인생을 다룹니다.

MIT공대의 수학과 교수 램보는 학생들이 절대 풀지 못할 거라 생각하며 게시판에 문제를 써놓습니다. 그 예상은 보기 좋게 빗나갑니다. 윌 헌팅이 청소를 하다가 문제를 보고는 금방 풀어놓은 것입니다. 자존심이 상한 교수가 또다시 문제를 내지만 건방진(?) 청소부 녀석이 그냥 놔두질 않습니다. 게다가 자신을 잡으려는 교수에게 욕을 하고는 유유히 사라집니다.

윌 헌팅이 하버드대 여학생과 처음 만나는 장면은 몇 번을 봐도 통쾌함을 선사합니다. 대학교 주변의 맥주집 등에서 단순 노동을 하며 살아가는 젊은이들과 명문 대학에 다니며 먹물 근성을 뽐내는 젊은이들이 조우합니다. 처키가 여학생에게 접근하는 대목에서입니다.

그때 범생이처럼 생긴 남학생이 가짜 대학생 처키에게 창피를 주어 기를 꺾으려고 나섭니다. 처키가 여학생에게 역사 과목을 같이 들은 것 같다고 하니 자기도 그 과목을 들었다면서 남북전쟁 시절 남부의 경제 상황이 어떠했는가 등을 운운하면서 처키를 당혹스럽게 합니다. 이때 우리의 구원투수 윌 헌팅이 끼어들어 남학생이 읽은 책뿐 아니라 다음 학기에 읽게 될 책까지 열거하면서 남학생의 코를 납작하게 만듭니다. 자존심이 상할 대로 상한 남학생이 한마디를 던집니다.

"네가 스키장 같은 곳에서 허접한 직업을 갖고 살아갈 때 나는 최소한 학위라도 갖는다."

허영심과 자만심이 가득한 인텔리겐치아의 자화상을 여실히 보여 주는 말입니다. 윌 헌팅이 가만있을 리 없습니다.

"그럴지도 몰라. 그래도 나는 적어도 남이 한 이야기를 자기 이야기인 양 떠벌리며 살고 싶지는 않아. 아, 그리고 계속 그런 찌질한 이야기를 늘어놓을 거라면 차라리 밖에 나가서 둘이 화끈하게 맞장 한 번 뜨는 게 어떨까?"

그 말에 남학생은 얼굴이 창백해져 뒤로 물러섭니다. 허약한 지식인의 일면이지요.

우리의 주인공과 친구들은 함께 집으로 돌아가다가 여대생이 전화번호를 적어준 냅킨을 술집 유리창에 붙이고 큰 소리로 외칩니다.

"그녀의 전화번호다!"

영화의 결론을 함축적으로 암시하는 장면입니다. '너희들이 상아탑이라고 부르든 부르조아라고 부르든 그 허상의 유리방 속에서 맥주를 마시고 있을 때 나는 내 인생에서 무엇보다 소중한 여인을 얻었다'고, 인생의 가치는 학위나 지식이 아니라 진심과 용기로 만들어가는 것이라고 말입니다.

사람들은 누구나 사회적 엘리트로 남들보다 우위에 서서 살고자 합니다. 사회적 약자로 살고자 하는 사람은 거의 없습니다. 하지만 영화는 사람들에게 반문합니다. 인간답게 살아가는 것이 더 중요하지 않느냐고, 위선과 가식의 가면을 벗어던지고 인간 본연의 모습으로 살아갈 때 인간은 더 자유로운 존재가 되는 것 아니냐고. 진실하지 않은 것들은 끝내 자유를 속박할 뿐이라고.

램보 교수는 수학의 노벨상으로 불리는 필즈(Fields)상을 받은 인물로, 영화에서는 범생이의 대표역을 맡아 '평균율의 인간의 판에 박힌 생각'을 대변합니다. 그럼에도 그는 윌 헌팅의 천재성을 알아보고 친구인 숀 맥과이어에게 심리 치료를 부탁합니다. 이른바 삼류 대학에서 심리학을 가르치던 맥과이어는 램보의 부탁을 받고 젊은 천재가 안고 있는 내면의 상처를 어루만져 마음의 문을 열게 하고, 인생에서 정말로 소중한 것을 찾아갈 수 있는 용기를 불어넣습니다.

그중 인상적인 대목은 맥과이어가 자신의 연구실을 찾아온 윌 헌팅에게 진실을 이야기하지 않으려는 태도를 지적하는 부분입니다. 윌 헌팅은 연구실에 있는 사진과 책, 그림을 둘러보며 맥과이어의 과거와 심리, 지식에 대해 쉬지 않고 떠들어댑니다. 하지만 정작 중요한 자신에 대한 이야기는 한마디도 하지 않습니다. 상대를 읽으려고만 하지 자신을 드러내지는 않는 것입니다.

월 헌팅의 이 같은 모습은 일반 사람들에게서도 보편적으로 확인할 수 있습니다. 진심을 말하기보다 남의 이야기, 읽은 이야기, 들은 이야기, 남에게 도움이 되는지 상처가 되는지 생각해보지 않은 이야기 등 별로 중요하지 않은 가식과 허위의 무의미한 이야기들을 늘어놓습니다. 그런데 윌 헌팅은 어린 시절 아버지의 학대로 상처를 입고 사람들을 기피하게 된 것입니다. 다시는 그 같은 상처를 받지 않으려고 마음의 문을 굳게 걸어잠근 채 도피적 삶을 살게 된 거지요.

그런 월 헌팅에게도 추운 겨울날 집 안을 훈훈히 덥히는 난로처럼 따뜻함을 나누어주는 친구들이 있었습니다. 그들은 시시한 대화로 하루하루를 보내지만 두터운 우정으로 MIT의 범생이들에게서 볼 수 없는 인간적인 관계를 만들어갑니다. 상처가 있는 월 헌팅에게 유일한 위안이자 탈출구입니다. 친구들은 그의 생일날 오랫동안 애써 만들어온 고물 자동차를 선물하기도 합니다. 보닛(bonnet) 안에는 낡은 엔진 하나만 달랑 들어 있습니다. 굴러가는 것 외에는 아무것도 작동이 안 되는 그 고물차가 속 깊은 감동을 줍니다.

하루는 처키가 평생 이렇게 살아도 좋겠다는 투로 말하는 윌 헌팅에게 애정 어린 충고를 합니다.

"네가 내게 인사도 없이 사라져주는 그날이 나에게 가장 행복한 순간일 거야."

참 인상적인 말입니다. 친구라면 보통 자신과 오랫동안 함께, 가까이 있기를 원할 것입니다. 그러나 처키는 친구가 타고난 재능을 살리지 않고 그럭저럭 살아가는 삶을 안타깝게 생각하며 진심으로 자신을 떠나도 좋다고 이야기합니다. 그 말에 코끝이 찡해졌습니다.

영화의 마지막 장면도 가슴을 뭉클하게 만듭니다. 이미 떠나보냈지만 진심으로 자신을 사랑해준 대학생 여자친구가 살고 있는 캘리포니아를 향해 윌 헌팅이 친구들이 선물한 고물 자동차를 몰고 지평선을 향해 힘차게 달려가는 장면입니다.

영화가 끝나고 저는 윌 헌팅이 걸어갈 앞날을 진심으로 축복해주고 싶은 마음이 들었습니다. 영화이긴 하지만 진정한 사랑을 찾아 인생과 정면으로 맞짱을 뜨겠다는 각오로 용기 있게 나서는 그에게 힘찬 박수를 보내주었습니다. 동시에 그것은 살아갈 날이 아직 많은 저에게 보내는 격려이기도 했습니다.

'Good Will Hunting'

이 제목을 어떻게 해석하면 좋을까요? 착한 윌 헌팅?, 좋은 윌 꼬시기?, 좋은 뜻 찾아내기? 저는 숀 맥과이어의 역할에 비추어 '좋은 뜻 찾아내기'라고 풀이하고 싶습니다. 사람들 속에 있는 좋은 뜻을 찾아내고, 키워주고, 발현되도록 애쓰는 참다운 인생의 선배이자, 교육자이자, 상담자에게 주는 칭호로 적당하지 않을까 해서요. 그래서인지 월 헌팅역의 맷 데이먼보다 로빈 윌리엄스가 이 영화의 주인공으로 보입니다.

사람은 어떤 형태이든 자신을 두르고 있는 껍데기를 벗어야 진정한 자신이 될 수 있습니다. 껍데기를 벗고 진실하게 마음을 열어야 다른 사람과의 깊은 대화가 가능하고 소중한 관계가 맺어집니다.

진주는 항상 어딘가에 묻혀 있다

- 우리가 걸어야 할 구원의 길

근심하는 자 같으나 항상 기뻐하고

가난한 자 같으나 많은 사람을 부요하게 하고

아무것도 없는 자 같으나 모든 것을 가진 자로다

|

고린도후서 6장 10절

제가 우간다에서 보낸 4년의 기간은 앞에서도 이야기한 것처럼 우여
곡절도 많았지만 남다른 의미로 남았습니다. 희망의 싹을 틔워준 분
들이 있었기 때문입니다. 그분들은 제게 개발에 관한 큰 가르침을 준
스승들이었습니다.

　　첫 번째로 소개하고 싶은 스승은 우간다 농업연구소에서 일하는
곤충학자 제임스입니다. 하루는 친분이 있는 한국의 피디(PD)로부터
말라리아와 관련한 프로그램을 만드는 중인데, 제임스라는 곤충학자
를 인터뷰하고 싶다며 찾아봐달라는 전화를 받았습니다. 제임스? 처
음 들어보는 이름이었습니다. 말라리아를 옮기는 매개체가 모기라는
사실은 익히 알았지만 제임스라는 곤충학자와 어떤 관계가 있는지
전혀 감을 잡을 수 없었습니다.

아무튼 요청을 받고 나서 만나본 제임스는 아주 수수하고 실질적인 사람이었습니다. 보통 아프리카에서 이루어지는 인터뷰는 사무실에서 책상을 사이에 두고 명함을 주고받는 것으로 시작합니다. 그런데 제임스는 대뜸 수도 캄팔라의 외항인 포트벨(Port Bell)에서 만나자는 것이었습니다. 한국에서 날아온 PD와 함께 그곳에 도착하니 제임스가 바로 그 자리에서 빅토리아호를 들락거리며 설명하기 시작했습니다.

빅토리아호는 아프리카에서 가장 큰 호수로, 1990년 무렵부터 갑자기 불어난 부레옥잠(히아신스, Hyacinth) 때문에 골머리를 앓고 있었습니다. 부레옥잠은 외래식물로, 원산지는 남미의 브라질로 알려져 있는데, 물 위에 떠 있어 하얀 꽃을 보면 참으로 아름답습니다. 이 아름다운 꽃이 왜 문제가 되는 걸까요?

빅토리아호의 생태계에서 부레옥잠이 기하급수적으로 불어나면서 녹색의 양탄자를 깔아놓은 것처럼 호수를 뒤덮을 정도가 되었습니다. 그 결과, 수면으로부터 들어오는 햇빛의 양이 줄어 물고기의 서식환경을 뒤바꾸어놓았고 어획량이 급격히 줄었습니다. 게다가 르완다와 탄자니아, 케냐로부터 흘러들어와 나일강으로 흘러나가는 물의 속도를 떨어뜨리고 수질오염이 발생하게 되었습니다. 더 심각한 것은 바로 부레옥잠의 군락이 말라리아 유충과 주혈흡충의 중간숙주인 물달팽이에게 더할나위 없는 좋은 서식처가 된다는 것입니다.

제임스는 브라질의 아마존강에서는 문제가 되지 않는 부레옥잠이 왜 빅토리아호에서 문제가 되는지 연구했습니다. 그리고 브라질에서 부레옥잠이 급속히 번식하지 못하는 배경에 물바구미가 있다는 사실을 알아냅니다. 물바구미가 부레옥잠의 대공을 뚫어 구멍을 내면 이를 통해 각종 바이러스가 침투하고, 구멍을 통해 물이 유입됨에 따라 부레옥잠이 더 이상 물에 잘 뜨지 못하고 서서히 가라앉다가 죽게 되지요. 제임스가 저희에게 보여준 것은 물바구미에 의해 노랗게 말라 죽어가는 부레옥잠이 호숫가로 밀려나와 썩고 있는 모습이었습니다. 그가 직접 부레옥잠 한 덩이를 들어올리니 그 속에서 빅토리아호를 살리고 말라리아와 주혈흡충으로 희생될 뻔한 사람들의 목숨을 구해낸 물바구미를 볼 수 있었습니다. 작은 하늘소처럼 생겨서 꼬물거리고 있는 그 곤충이 1만 2,000헥타르에 달하는 빅토리아호의 부레옥잠 군락을 제거했다는 것이 믿기지 않았습니다.

세계적으로 말라리아로 인한 피해자가 매년 2억 명이나 되고 이 중 100만 명 정도가 사망한다고 합니다. 이런 무서운 질병을 퇴치하기 위해 UN과 NGO, 각국 정부가 얼마나 많은 예산과 인력을 투입하고 있는지 모릅니다. 그런데 제임스는 자신의 연구 분야인 곤충으로 그 어려운 문제를 해결하고 있었습니다. 호주의 한 연구소를 방문하여 파푸아뉴기니의 사례를 접했다고 합니다. 말라리아 퇴치사업을 해오면서도 빅토리아호 근처의 질병 발병률이 높지 않다는 사실을 모르고 있었던 제게 신선한 충격을 주었습니다.

또 한 분의 스승은 산골에서 감자농사를 짓던 알렉스라는 청년입니다.

우간다 동부에 케냐와 자연적인 경계를 이루는 엘곤산이 있는데, 3,000미터 이상 되는 높은 곳에 고위 평탄면이 자리하고 있습니다. 행정구역상 캅초라에 속하는 이곳은 산이 높고 경사가 급해 외부에서 접근하기 힘든 오지입니다. 산속 이곳저곳에서 주민들이 조그만 촌락을 이루어 감자농사를 지으며 살고 있는데, 주민들에게 가장 큰 문제는 나무를 너무 많이 베어내어 우기마다 산사태로 길이 끊기거나 인명 손실이 자주 발생한다는 것입니다.

우리 단체에서 아동후원사업을 하던 피스와(Piswa)라는 마을이 바로 그런 마을 중 한 곳입니다. 그곳 아동들을 후원하고 있던 미국의 덴버(Denver)에 있는 한 교회에서 그 사실을 알고 산사태와 토양유실을 막을 나무를 심는 일에 사용해달라며 1만 달러의 기금을 보내주었습니다. 최초 계획대로 어린 묘목을 산림청 묘목장에서 구입해서 마을 주변에 심기 시작했습니다. 첫해에는 예산의 절반가량을 묘목을 구입하여 피스와까지 운반하는 데 사용했습니다.

그러던 어느 날 그 지역 책임자로 있는 직원이 키가 작고 새까만 청년을 데리고 캄팔라의 제 사무실로 찾아왔습니다. 청년의 이름은 알렉스였고 나이로비에서 임학을 전공한, 깡촌에서는 보기 드문 인재였습니다. 그러나 공부를 마치고도 직장을 구하지 못해 고향으로 돌아와 전처럼 감자농사를 짓고 있었습니다. 그러다가 저희 단체에서 추진하는 식수사업을 알게 된 것입니다. 알렉스의 요청은 나무 심는 일을 전적으로 자기에게 일임해달라는 것이었습니다. 예산을 묘목을 사오는 데 쓰지 말고 묘목장을 만들면 적은 비용으로도 훨씬 많은 묘목을 길러낼 수 있다고 말했습니다. 급료를 주지 않아도 좋으니 자기를 믿고 맡겨달라고 했습니다.

제 어깨에도 미치지 않는 작은 키, 떠듬거리는 영어, 초췌한 용모, 진흙투성이의 장화를 신고 나타난 알렉스의 말에 솔직히 마음이 내키지 않았습니다. 게다가 이미 전임자가 진행하여 미국 본부에서 승인을 받은 사업 계획과 예산을 전면적으로 수정하고 재승인을 받아야 하는 상태였습니다. 하지만 마음을 바꾸었습니다. 새벽에 출발해도 밤에 간신히 도착하는 먼 거리를 찾아와 빛을 뿜어내듯 초롱초롱한 눈으로 자신의 생각을 이야기하며 급료는 주지 않아도 좋으니 일만 맡겨달라는 알렉스의 열정에 반해서 한번 해보라고 말했습니다. 본부에 연락하여 계획을 수정하고 다시 허락을 받아내는 일은 제가 감당했지요.

알렉스는 물이 흐르는 계곡의 비탈을 계단식으로 깎아 묘목장을 만들고 그 옆에 자신이 기거할 움집을 지었습니다. 그러고는 마을 주

민들을 동원하여 아침저녁으로 물을 길어다 묘목에 물을 주고 한낮에
는 강한 햇볕을 가리는 가림막을 폈다가 해가 지면 다시 걷는 일을 반
복했습니다. 우간다 전역을 찾아다니며 다양한 수종의 씨앗을 구해오
기도 했습니다. 그렇게 시작하여 2년차가 되던 해, 사업을 완전히 알
렉스에게 맡겼습니다. 이후 알렉스는 마을 인근은 물론 계단식으로
된 밭두렁에도 나무를 심어 토양유실을 막기 위한 작업까지 끝냈습니
다. 저에게 약속한 것보다 훨씬 더 많은 일을 혼자서 해냈습니다.

이 소식을 듣고 다른 마을에서도 알렉스를 찾아와 묘목을 사가기
시작했습니다. 이익금은 마을의 공동기금으로 들어갔고, 알렉스에게
도 일정한 보수를 지불할 수 있게 되었습니다. 그 무렵에 저는 임기가
끝나 우간다를 떠났지만, 그 일은 이미 저나 저희 단체가 더 이상 관여
할 필요가 없는 완벽한 마을의 사업이 되었습니다. 엘곤산이 다시 원
래의 모습을 되찾을 때까지 지속할 수 있는 토대를 갖춘 것입니다.

만약 제가 당초 계획대로 묘목을 사다가 심는 식으로 일을 계속했
더라면 묘목 구입에만 돈이 들어가는 것이 아니라 나무 심는 일에서
도 사람들에게 대가를 지불했어야 할 겁니다. 계획보다 더 많은 나무
를 심을 수도 없었을 겁니다. 나중에 전해 들은 이야기로는 우간다
NFA(National Forest Authority, 산림청) 직원들이 현장을 다녀갔고 그
정도의 규모이면 우간다에서 두 번째로 큰 묘목장일 거라고 했다는
군요.

제가 이 사업을 잊을 수 없는 이유는 알렉스 한 사람의 헌신적 노력으로 바뀌어간 마을 사람들의 적극적 태도 때문이었습니다. 이미 여러 사업들을 경험해보았지만 그와 같은 자발성은 본 적이 없었습니다. 전에는 모든 일을 기관이 도맡아야 했고 주민들은 끊임없이 바라기만 했습니다. 주민회의를 열 때조차도 교통비와 일비를 달라고 손을 벌렸습니다. 그럴 때마다 저희는 주민들에게 의타심을 길러줘서는 안 된다는 이야기를 수도 없이 나누었습니다. 하지만 어떻게 하자는 구체적인 방법은 나오지 않았습니다. 그 어려운 일을 한 청년이 기쁜 마음으로 이루어낸 것입니다.

먼 길을 마다하지 않고 제 사무실을 찾아준 알렉스의 열정과 주민들의 자발성은 제가 미국의 대학원에서도 얻을 수 없었던 배움을 주었습니다. 마을에 꼭 필요하고 자신이 잘할 수 있는 일에 헌신한 알렉스야말로 진정한 개발학 교수님입니다.

부프쿨라(Bufkuhula)라는 작은 마을의 촌장이신 삼손 영감님 역시 잊을 수 없는 스승입니다. 이름이 성경에 나오는 천하장사와 똑같지만 깡마른 체구에 허연 머리, 이빨이 거의 다 빠진 촌로입니다. 이런 분이 어떻게 저의 스승이 되었을까요?

아동후원사업은 언제나 필요에 비해 예산이 모자라 매년 우선순위을 정해 하나씩 마을의 문제들을 해결해나갑니다. 그 마을에서는 초등학교에 식수가 없어 아이들이 물을 마시지도 씻지도 못하는 상황이었습니다. 그래서 첫해 사업으로 우물을 뚫고 핸드펌프를 설치하는 일에 1만 달러의 예산을 배정했습니다. 지역 책임자는 모제스 모얄레로 유능하고 경험이 많아 모든 일을 훌륭히 수행하는 믿음직한 사람이었습니다.

그런데 하루는 그가 찾아와 사업을 재조정할 필요가 있다는 말을 했습니다. 순간 신경질이 났지요. 지난해에 자신이 만들어 올린 사업 계획을 근거로 캄팔라 사무실에서 예산을 확보하고 본부의 승인을 다 받아놓아 이미 사업이 시작된 마당에 이를 바꾸자고 하는 건 뭘 모르는 신참들이나 할 만한 소리이기 때문입니다.

모제스의 말인즉슨 마을의 촌장님이 우물 뚫는 일을 결사반대한다는 것입니다. 그 촌장님이 삼손 영감님이었습니다. 저는 그냥 자주 등장하는 골칫거리의 하나인 마을의 리더십 문제라고 생각했습니다. 반대하는 이유가 무엇이건 영감님들의 괴팍한 행동은 종종 볼 수 있는 모습이었으니까요. 그래서 "아니, 그깟 영감 한 명을 설득하지 못해 일을 꼬이게 만듭니까?"라며 마뜩잖게 대꾸했습니다. 그러자 모제스가 차근차근 설명을 하더군요.

삼손 촌장님은 모제스를 데리고 마을의 이곳저곳을 다니면서 고장이 나서 못 쓰게 된 우물들을 보여주었다고 합니다. 이 우물은 어떤 NGO에서 설치하고 저 우물은 또 어떤 NGO가 설치했는데 몇 년 안 되어 쓰지 못하게 되었다며 우물만 자꾸 뚫지 말고 보다 항구적인 해결책을 찾아야 한다고 말했다는 겁니다. 그러고는 마을에서 3~4킬로미터 떨어진 지방도로 옆으로 수원지에서 음발레시까지 식수를 공급하는 상수도관이 지나간다는 사실을 알려주면서 자기 마을에서 그 상수도관까지 이을 수 있는 파이프를 지원해주면 그다음부터는 자기가 알아서 하겠다고 했답니다.

들고 보니 백번 지당한 말씀이었고 계산해보니 파이프를 사는 데 드는 비용은 5,000달러가 채 되지 않았습니다. 비용이 예산보다 적게 들어가는 상황이었지요.

결과부터 말씀드린다면 그 일은 이루어졌습니다. 나중에 모제스에게 전해들은 바로는 삼손 촌장님이 음발레시 수도국에 거의 매일 출근하다시피 해서 담당자들을 만나 채근했답니다. 마을에서 음발레시까지 족히 20킬로미터는 되는 거리인데, 연로하신 몸으로 자전거를 타고 매일 왕복하며 성사시킨 것입니다. 촌장님과 마을 사람들은 힘을 합쳐 그 먼 거리에 깊은 고랑을 파고 관을 묻었고, 수도국 기사들이 나와 학교까지 파이프를 잇고 물이 나오도록 공사를 마무리해주었습니다.

진짜 놀라운 변화는 그 후에 일어났습니다. 초등학교 급수대까지 이어놓은 상수관에 마을 사람들이 각자 돈을 들여 관을 사고 수도계량기를 설치하여 자기 집까지 물을 끌어가기 시작한 것입니다. 만약

저희 단체가 나서서 음발레시 수도국과 그 방안을 논의했더라면 성사
되기도 어려웠을 것이고, 설사 승낙을 받았다고 해도 자재비 외에 수
도국 인건비까지 모든 비용을 다 부담해야 했을 것입니다. 그 긴 도랑
을 연결하는 데도 별도의 인건비외 중장비 내여비를 지불해야 했을
겁니다. 집집마다 상수도를 연결하는 일은 엄두도 내지 못했겠지요.

결과적으로 저희 단체에서 한 일은 5,000달러어치의 PVC 경화파
이프를 구입해준 것뿐이었습니다. 나머지는 삼손 촌장님이 모두 일
구어내신 일이지요. 단돈 5,000달러로 마을의 식수 문제를 해결해본
것은 그때가 처음이자 마지막이었습니다.

마을에는 삼손 영감님처럼 오랜 경험과 지혜를 통해 마을의 문제
에 대해 보다 장기적인 안목에서 해결책을 마련하고, 국제기구들의
장단점을 파악하여 어떻게 활용해야 할지를 알고, 열정을 가지고 공
공기관과 부딪쳐 해결해나가는 배짱을 가진 분들이 있습니다. 어디
에나 있다고 할 수는 없지만 자신이 살아가는 땅을 사랑하는 지혜로
운 지도자는 존재하기 마련입니다.

주어진 땅에서 풍상과 고난을 이겨내며 살아남은 나무는 그곳에서
뿌리를 내린 나무입니다. 비록 우리 눈에 무성해 보이지 않는다 하더
라도 그 모습은 지금의 땅에 가장 적합하게 순응된 형태일 것입니다.

제임스 박사의 집념과 실사구시적 태도, 알렉스와 같은 일꾼의 노

크 소리, 고집불통 삼손 촌장님의 호통 속에서 바람직한 변화의 씨앗
이 뿌려지고 자라 놀라운 열매가 맺게 됩니다. 저는 그들을 통해 우리
를 구원의 길로 이끄는 힘을 발견할 수 있었습니다.

욕망에서 자유로운,
고통에서 자유로운

한 친구가 제게 물었습니다.

"리비도에 충실한 것이 왜 문제인가?"

진정 자유로운 존재라면 윤리와 도덕적 가치 판단으로부터 벗어날 수 있어야 하고 자기 욕망이 이끄는 대로 따를 수 있어야 한다는 이야기를 하고 싶었던 모양입니다.

가만히 보면 현대인의 문화 코드 속에 프로이트의 생각이 참 많이 깃들어 있는 것 같습니다. 리비도라는 단어가 현대인의 일상에서 쉽게 회자되는 것만 봐도 그렇습니다. 프로이트는 꿈의 해석을 통해 인간의 잠재의식이야말로 참이며, 그 속에는 온갖 성적 상징들로 가득 차 있다고 말합니다. 인간을 욕망의 존재 그 이상도 이하도 아닌 동물적 인간으로 바라본 것입니다.

영화 〈매트릭스〉에서도 이와 같은 인식의 일단을 엿볼 수 있습니다. 무채색의 사람들이 바삐 걸어가는 길에서 빨간 드레스를 입고 마릴런 먼로의 백치미를 연상시키는 미소를 지으며 걸어가는 금발의 여인을 보고 주인공 네오가 한눈을 파는 장면이 나옵니다. 비록 가상의 세계이지만 매력적인 여성에 혹하는, 제어하기 힘든 남성의 욕망을 단적으로 비추어줍니다.

영화는 인간이 가진 욕망에 대해 끊임없이 질문을 던집니다. 위험하고 고달픈 생활에 지쳐 동지들을 배반한 느부갓네살호의 선원 사이퍼가 스미스 요원에게 고백하는 내용도 그렇습니다. 붉고 달콤한 육즙이 흐르는 스테이크를 천천히 씹으며 그가 말합니다.

"이게 진짜가 아니라는 걸 알아요. 입에 넣으면 매트릭스가 내 두뇌에 맛있다는 신호를 보내주죠. 내가 9년 동안 뭘 깨달은 줄 알아요? (진실은) 모르는 게 약이다."

스테이크가 실제가 아니라는 사실을 알지만 그게 무슨 상관이냐는 말입니다. 콧물 같은 죽을 먹으며 쫓겨다니는 현실보다 누에고치 신세라도 욕망이 충족되는 매트릭스가 훨씬 더 낫다는 생각의 표현입니다. 사이퍼는 진실이 아니라도 쾌락을 안겨준다면 그것에 충실하고자 하는 인간의 욕망을 대변합니다. 영화는 이를 통해 현실의 종교 안에 투영된 인간의 욕망을 비판합니다. 왜 있지도 않은 신에게 맹목적으로 의지하려 하는가, 그 또한 욕망을 따르는 것이 아닌가를 묻습니다.

저도 가끔 질문을 던질 때가 있습니다. 과연 인간은 무엇을 위해 사는 존재인가? 무엇이 더 실제적이며 인간의 본질에 충실한 것인가? 어쩌면 인간은 동물적 욕망에 굴복하여 선택의 자유를 불안해하며 누군가가 대신 결정해주기를 바라는 연약한 존재일지도 모릅니다. 위대한 철학자와 음악가를 많이 배출한 독일 사람들이 히틀러의 광기를 따라간 역사적 사실은 우리 인간이 자유와 진리를 얼마나 쉽게 망각하고 주어진 상황과 구조에 편승하는 존재인가를 보여주는 증거이기도 합니다

인간에 대한 이해는 결코 간단하지 않습니다. 무엇이 진정 인간의 마음을 사로잡는 것인가에 대해서는 깊은 성찰이 필요합니다. 저는 이것이 모든 학문과 예술의 중심이고 출발이라고 생각합니다. 혼란한 현실과 급변하는 상황 때문에 자신의 본질로부터 멀어지는 존재가 인간이기에 그러한 성찰이 중요합니다.

1999년 노벨경제학상을 받은 인도의 경제학자 아마르티아 센(Amartya Sen)은 제가 존경하는 인물입니다. 빈곤의 문제를 연구하는 경제학자로, 자본주의를 맹종하는 세력에 맞서 가난한 이들의 변호인을 자처하며 통렬하게 현대 경제학을 비판합니다. 풍부한 이론과 경험의 축적에도 불구하고 현대 경제학은 여전히 인류의 절반 이상이 절대 빈곤선 아래에 살고 있는 현실을 설명하지 못합니다. 센은 현대 경제학은 인간에 대한 이해가 지나치게 단순하며, 인간은 경제적

동기만으로 설명할 수 있는 존재가 아니므로 이를 고려하지 않고 쌓아올린 경제학의 이론들은 출발부터 오류를 범하고 있다고 지적합니다. 명쾌한 지적입니다.

센은 《자유로서의 발전(Development as Freedom)》이라는 책에서 정치적 자유, 사회적 기회의 평등과 같은 비경제적 요인들이 뒷받침되지 않으면 인류는 결코 빈곤의 상황에서 벗어날 수 없다는 주장을 펼칩니다. 경제적 측면에만 초점을 맞추면 그에 못지않게 중요한 면들을 놓치게 되어 문제의 원인도 제대로 파악할 수 없고 적합한 해결책도 제시할 수 없다는 것입니다. 그의 영향으로 세상에 인간개발지수(Human Development Index)가 출현하게 되었고, 경제 외에 교육과 의료 등의 요인들을 감안한 총제적 시각으로 빈곤 현상을 설명할 수 있게 되었습니다. 그런데도 그는 여전히 경제학계에서 비주류로 분류되고 있습니다. 경제 문제에만 천착하는 현실 때문입니다.

아는 선배 한 분과 이야기를 나누다가 길거리의 아가씨와 하룻밤을 보내는 것에 대한 생각을 들은 적이 있습니다. 선배는 이렇게 말하더군요.

"나는 욕망을 채우고 아가씨는 생활비를 벌었으니 공리가 증진된 것 아닌가?"

저는 그런 선배를 비난하지 않았습니다. 누구나 생각의 자유가 있고 경제적 논리로만 보면 일리가 없지도 않아서입니다. 또한 인간의 욕망은 간단히 단정하기 어려운 측면이 있습니다. 그러나 마음이 불편했습니다. 인간을 단순히 물질과 성욕의 존재로 규정할 수는 없다고 생각해서이지요.

돈과 성을 교환하는 행위 안에는 아무런 인격적 관계가 존재하지 않습니다. 서로 의도했든 안 했든 그렇게 함으로써 두 사람은 고립된 비인격적 물질 덩어리로 전락하고 맙니다. 이러한 '인간의 비인격화'는 인간으로서 살아갈 힘을 잃게 만들고, 관계를 고통에 빠뜨립니다. 목적으로 존재해야 할 인간이 욕망을 채우는 도구로 변질되는 것, 그 것이 인간 세상을 고통스럽게 만드는 근본 원인입니다.

영국, 프랑스, 독일 등이 합작해서 만든 영화 〈메리 크리스마스(Merry Christmas)〉는 1차 세계대전 중 실제로 일어난 사건을 바탕으로 만들었습니다. 전쟁이 한창이던 1914년 12월 24일, 크리스마스 전야에 갑자기 독일군 진영에서 찬송가가 들려오고 영국 병사들이 함께 부르기 시작하면서 적으로 대치하던 두 진영의 병사들은 '서로 쏘지 말자'는 약속하에 무기를 내려놓고 중간지대에서 만나 서로 어울리며 이틀 동안 휴전에 들어갑니다. 이른바 '크리스마스 휴전'입니다. 이 영화는 우리 인간이 주어진 상황과 구조에 억눌려 지내지 않고 그것을 극복해나간 기록으로, 전쟁이라는 극한 상황에서도 평화와 인간의 존엄성을 회복할 수 있다는 메시지를 감동적으로 전합니다.

영화에서처럼 '모든 것은 우리가 선택 가능한 영역 안에 있다'는 사실을 확인하는 순간은 신비하고 경이롭습니다. 거대한 파도와 같은 고난 속에서도 그 파도에 맞서 고통의 흐름을 바꾸는 힘과 결정의 자유가 있다는 사실을 증명해주기 때문입니다. 저는 그 자유를 포기하지 않고 인간으로서의 존엄성과 평화를 지키려고 노력할 때 세상이 변화될 수 있다고 믿습니다.

자유로운 인간만이 개인의 욕망을 위해 타인을 도구화하는 일을 멈출 수 있습니다. 욕망으로부터 자유하여 인간을 인간으로 대하는 태도를 잃지 않으니까요. 바로 그가 인간 존중과 사랑의 힘으로 우리가 잃어버린 참다운 인간성을 회복시키는 길을 열어갑니다.

진정한 도움이 되려면
잊어야 합니다

반복되는 일상의 비를 맞으며 고개를 푹 숙이고 길을 가다가 진흙탕 웅덩이 속에서 뭔가를 발견합니다. 그냥 지나치려다가 호기심에 진흙을 헤집고 시커멓게 변색된 반지를 주워 듭니다. 소매에 문질러 흙을 털어내고 보니 검게 변색된 은반지가 모조품 같습니다. 그냥 던져버릴까 하다가 집으로 가져와서는 천으로 닦아내니 묵은 때가 벗겨지면서 은이 제 색깔을 드러내고 진주가 빛을 내기 시작합니다.

보물은 이렇게 내가 먼저 소중히 여기고 다듬을때 제 모습을 드러내게 됩니다.

대학을 졸업하고 나서 오랫동안 동기들을 멀리하며 지냈습니다. 동기들에 대한 생각이 길에 떨어진 은반지와 같았습니다. 만나면 뭣 하나, 도움이 되지도 못할 텐데, 좋은 적도 있었지만 불편했던 감정을 다시 확인하게 되면 어쩌나⋯. 동기들은 그렇게 빛바랜 사진 속의 흐릿하고 쓸쓸한 추억으로만 남아 있는 존재였습니다. 그런데 아니었습니다. 저만의 착각과 오만에 사로잡혀 동기들 속에 들어 있는 진주를 알아차리지 못했던 것입니다.

진주를 닦는 마음으로 사랑하는 동기들과 함께했던 두 번의 프로젝트를 소개합니다. 이름하여 '염소 프로젝트'와 '크로싱 프로젝트'입니다.

염소 프로젝트는 우간다 아파치(Apac) 지역의 책임자였던 제리 오바가 자신의 어린 시절 이야기를 들려준 것이 계기가 되었습니다.

아이들은 많고 먹을 것은 별로 없는 우간다의 가난한 농촌에서 태어나 학교를 다니기도 힘든 형편에서 자란 오바에게 어린이재단(Christian Children Fund)에서 염소 2마리를 주었습니다. 난생 처음으로 자기 재산(?)을 갖게 된 어린이 오바는 염소를 키우면서 전에는 꿈도 꾸지 못한 '인생의 희망'을 품게 되었습니다. 고등학교를 졸업하고 대학에 들어갈 무렵 염소는 소 2마리가 되었고 오바도 대학을 마칠 수 있었습니다. 그때부터 염소는 그에게 희망을 의미하는 단어가 되었습니다.

오바의 이야기를 듣고 나서 제가 "당신도 아이들에게 희망을 주면 어떻겠느냐?"고 말했습니다. 염소 프로젝트는 그렇게 시작되었습니다.

최초의 사업계획은 아파치의 아동들에게 300마리의 염소를 나눠
주는 것이었습니다. 그러다가 소식이 알려지면서 다른 지역에서도
같은 사업을 추진해보고 싶다고 하여 나중에는 3,000여 마리를 사
들이는 규모로 커지게 되었고, 급기야 미국과 한국의 후원자들 사이
에서도 큰 반향을 불러일으켰습니다. 우연히 시작한 염소 프로젝트
가 요샛말로 '대박'을 치게 된 것입니다. 그런데 본의 아니게 부작용
도 없지 않았습니다. 새끼를 낳을 수 있는 암염소는 인기가 많은데 우
리가 단기간에 여기저기서 대량으로 사들이면서 값이 폭등하게 되었
고, 지역경제에 큰 파장을 미치고 말았습니다. 주요 가축인 염소값이
오르면서 다른 농산물들도 덩달아 오른 것입니다. 결국 우간다 농산
부로부터 무식한(?) 짓 그만하라는 경고를 받았고, 상인들이 다른 지
역의 염소들을 거래하면서 구제역 비슷한 질병을 전파시키는 결과를
낳기도 했습니다.

염소 프로젝트에 동기들이 가세한 것은 한 동기가 카페에 염소와
아이들이 같이 있는 사진을 올리고 나서 나누게 된 대화에서 비롯되
었습니다. 내용을 보고 감동을 받았는지 동기들이 십시일반으로 200
만 원 정도를 모아 보내주었고, 그 돈으로 100마리의 염소를 살 수 있
었습니다. 3,000마리의 염소 중에 100마리는 동기들이 사준 셈이지
요. 한 마리에 우간다 돈으로 3만 실링(미화 18달러, 한화 2만 원)하던
시절이었습니다.

저희가 분배한 염소들 중에는 배고픈 가족에게 일용할 양식으로 쓰였거나 돈이 급해 시장에 내다 팔린 것들도 있을지 모릅니다. 하지만 염소와 함께 꿈을 키워간 아이들이 지금은 고등학교 교실에 앉아 공부하거나 이미 대학 문을 두드리고 있을 거란 생각을 하면 가슴이 뿌듯해옵니다. 동기들에게 참으로 감사할 일이지요. 동기들은 윈스턴 처칠이 '아프리카의 진주(Pearl of Africa)'라고 불렀던 우간다에서 그렇게 희망의 진주를 주워 올렸습니다.

더 기쁜 사실은 오바의 프로젝트가 이후에도 계속되었다는 것입니다. 염소 프로젝트가 끝나고 이듬해에 오바는 희망을 심는 사업의 일환으로 시트론나무 묘목을 사다가 아이들에게 나눠주었습니다.

보람된 일도 힘든 일도 많았던 우간다에서의 생활을 접고 저는 한국으로 돌아왔습니다. 한데 그게 끝이 아니었습니다. 진로에 대한 고민에다 투병 중인 동생 걱정으로 힘든 계절을 보내는 중에 지칠 줄 모르는 (?) 동기들의 부탁으로 또 한 번의 프로젝트에 뛰어들게 되었습니다.

2009년 동기들과 함께 일종의 탈북자 지원사업인 '크로싱 프로젝트'를 시작하게 되었습니다. 당시 동기회 임원진으로부터 뭔가 의미 있는 일을 해보면 좋겠다는 제안과 더불어 무엇이 좋을지 찾아봐달라는 부탁을 받았습니다. 그러던 중 북한을 탈출하여 남한에서 살고 있는 수정(가명)이라는 아가씨의 이야기를 접하게 되었고, 북한에 남겨진 홀어머니를 걱정하는 모습이 안쓰러워 어머니를 모시고 올 방법을 찾아보자는 프로젝트를 감행하게 되었습니다.

이 프로젝트는 성격상 곳곳에 불안 요소가 많아 모든 진행 과정이 비밀에 부쳐졌고 성공 여부는 아무도 알 수 없었습니다. 내심 신기했던 것은 그때 돈으로 250만 원만 있으면 북한 사람을 빼내올 수 있다는 사실이었습니다. 저는 동기들이 모아준 200만 원에 부족분을 채워 연변의 브로커에게 넘기고 성공을 기원하며 기다렸습니다. 그리고 몇 개월 후 북한을 탈출한 어머니가 중국을 가로질러 월경하다가 태국 경찰에 체포되었다는 소식을 들었습니다. 어머니는 그렇게 한동안 태국에 억류되어 있다가 우여곡절 끝에 한국의 하나원에 도착했습니다. 탈출부터 도착까지 얼추 6개월이 걸린 우리의 프로젝트가 마침내 성공을 거두는 순간이었습니다.

기쁨과 안도의 시간을 보내고 얼마나 지났을까요. 뜻하지 않은 곳에서 문제가 터지고 말았습니다. 수정이가 하나원을 나온 어머니와 이른바 '잠수'를 탄 것입니다. 듣고 보니 새터민들에게서 간혹 있는 일이었습니다. 한국에 들어올 때까지는 도움을 주는 단체의 말을 잘 듣다가 자유의 몸이 되면 바로 연락을 끊는 것이지요. 북한에서 몰래 본 드라마에 나오는 집에서 살면서 자가용을 몰고 화려한 장신구로 몸을 치장할 수 있는 삶을 좇아 지금껏 도와준 손길을 뿌리치는 겁니다. 아르바이트를 하며 야간 대학을 다니는 등 성실하게 살던 수정이도 어머니가 하나원을 나오자마자 그 무지개를 잡으러 떠나고 말았습니다.

종적을 감춘 수정이의 소식을 다시 들은 것은 시간이 제법 흐른 다음이었습니다. 두 모녀가 제주도에 내려가 살고 있다고 했습니다. 어느 유흥업소에서 일하고 있다는 말에 마음이 쓸쓸했습니다.

어머니가 한국에 들어오기 전에, 한 번은 만나보아야겠다는 생각으로 주선한 분께 부탁하여 수정이를 찾아간 적이 있습니다. 청바지 차림의 그녀는 남한의 여느 대학생과 다름없는 모습이었습니다. 부끄러움을 많이 타는 성격인지 묻는 말에만 겨우 예, 아니오로 대답하는 바람에 많은 대화를 나누지는 못했습니다. 조심스러운 부분도 있었습니다. 혹시나 자존심을 건드리지나 않을까 해서입니다. 도움을 받는 사람들은 도움을 주는 상대에게 감사를 표하기도 하지만, 최대한 감정을 숨기려고도 합니다. 어떤 경우이건 그들의 마음을 다치게 해서는 안 됩니다.

그렇게 막을 내린 우리의 크로싱 프로젝트는 제게 묘하게 얽힌 남북관계와 그 파생상품 같은 탈북자 문제, 그리고 새터민들의 모순된 삶에 눈을 뜨게 해주었습니다.

수차례 경험한 바이지만, 선한 의도가 항상 좋은 열매만 맺는 것은 아닙니다. 그래도 실망하지 않고 참고 기다릴 줄 아는 자세가 필요합니다. 그러기 위해서는 도움이 될 만한 일을 하고 나서 얼른 생각을 지워버려야 합니다. 돕고 있다거나 도왔다는 사실을 의식하지 않을 때 진정한 도움이 가능합니다. 돕는다고 의식하면 나도 모르게 우쭐거릴 수 있고, 도움을 받는 사람도 그것을 지나치게 의식하면 어느새 비굴하게 몸을 낮추게 됩니다. 건강하지 않습니다.

서로에게 건강한 도움으로 환한 미래를 열어가면 좋겠습니다. 우리가 사준 염소를 보며 꿈을 키우는 우간다 어린이들이 언젠가 먼 나라 한국의 아줌마 아저씨 들에게 감사할 날이 오기를 바랍니다. 머지 않은 미래에 수정이가 결혼해서 단란한 가정을 이루고 홀어머니에게 효도하며 자신을 도와준 남한 땅의 이름 모를 사람들을 기쁜 마음으로 기억해준다면 바랄 것이 없겠습니다.

우리는 오늘도 그렇게 어디서 누군가가 되어 진흙 속에 묻혀 있던 반지를 열심히 문지르고 있습니다. 세상을 보다 밝혀줄 진주를 기대하면서.

전에 한 친구가 담임목사님이 되어 섬기는 울산의 어느 교회를 방문할 기회가 있었습니다. 교인들 모두가 함께 하는 체육대회가 열리던 날, 즐거운 분위기로 하루를 보내고 목사님 집에서 교회 교역자분들과 저녁식사를 하게 되었습니다. 눈빛이 유난히 맑은 한 젊은 전도사님이 식사를 하다가 느닷없이 제게 질문을 던졌습니다.

"아프리카 곳곳에서 선교사로 계셨는데, 가장 힘든 일이 무엇이었습니까?"

무거운 질문이었습니다. 사모님이 회까지 곁들여 손수 준비한 맛있는 음식을 먹고 있던 저는 순간, 속이 얹히는 느낌이 들었습니다.

"전도사님, 전도사님이 생각하시기에는 무엇일 것 같습니까?"

"언어 장벽 아닌가요?"

"아닙니다. 다른 민족의 언어를 완벽하게 구사하는 것은 그곳에서 태어나지 않는 한 지극히 어려운 일입니다. 그러나 열심히 노력하다 보면 그 또한 극복하기 어려운 문제는 아니에요. 제가 영어를 배운 과정도 그러했습니다."

"그러면 문화 장벽인가요?"

"아니에요. 극복하기 어려운 문제인 것은 맞지만, 우리 인간에게는 문화의 차이에도 불구하고 나름대로 공통된 삶의 원리가 있는 것 같습니다. '사람 사는 곳은 어디나 똑같다'는 말도 있듯이 사람들을 너그럽게 이해하는 마음으로 바라보면 같은 삶의 원리 위에 있음을 알게 되고 문화의 차이도 극복이 됩니다."

"그러면 선교사님은 무엇이 힘드셨어요?"

"음…, 아마도 그건 때때로 밀려오는 자문이었던 것 같습니다. '나는 과연 선교사로서 부름에 합당하게 살아가고 있는가?' 하는, 저 스스로에게 질문을 던지는 순간 말이지요. '저를 통해 정말로 구원받은 아프리카의 영혼들이 있는가?'를 생각하면 잠을 이루지 못할 정도로 괴로웠습니다. 그래서 늘 스스로에 대해 2% 부족한 선교사라고 생각하고 있습니다."

제가 이 말을 하게 된 계기가 있습니다.

서울 당산동 '2001아울렛'에서 우연히 한 청년을 만나 이야기를 나눈 적이 있습니다. 청년의 아버님은 아프리카에서 선교활동을 하시다가 하나님 품에 안기신 분으로, 저도 아는 정효남 장로님이었습니다.

장로님은 교회나 선교단체의 파송을 받은 분도 아니었고, 영어도 제대로 구사하지 못하는 분이었습니다. 고혈압, 당뇨 등의 지병이 있음에도 불구하고 혈혈단신으로 오셔서 나이로비의 키베라(Kibera)라는 빈민촌에서 거친 음식을 드시며 자신을 따르는 청년들과 함께 생활하셨습니다. 낮에는 현지인들과 북을 치며 시내를 행진하면서 이른바 '불신지옥 예수천당'을 외치며 복음을 전파하셨지요. 얼마나 열정이 넘치셨던지 이슬람사원 앞에 가서 회개하지 않으면 지옥 간다고 고함을 지르다가 폭행을 당하기도 했습니다. 제가 그분을 직접 뵌 것은 한 번뿐이었고, 대부분은 그분이 선두를 서시고 키베라 사람들이 뒤를 따르는 행렬을 멀리서 지켜보았습니다. 열정은 이해하지만 현지인들에게 반감만 불러일으키는'무모한' 선교사라며 손가락질하는 사람도 있었습니다. 부끄럽지만 저도 그중 한 명이었지요.

그런데 장로님의 아들이 전해준 이야기가 참으로 많은 걸 생각하게 했습니다. 장로님은 4, 5년 케냐에서 사역하신 다음 그곳을 떠나 이집트 카이로로 가서 선교를 하시다가 지병으로 세상을 뜨셨다고 합니다. 더 놀라운 사실은 키베라에 남긴 그분의 자취입니다. 그분을 따르던 줄리어스라는 청년이 목사가 되어 교회를 세웠다는 것입니다. 물론 혼자의 힘만은 아니었습니다. 장로님을 기억하는 많은 분들의 헌금으로 역사가 이루어졌다는 소식을 들었습니다. 그분은 자신의 지병을 몰랐을까요? 그럼에도 처음 올 때의 모습처럼 홀연히 또 다른 소임을 향해 떠나시고 그곳에서 운명하셨던 겁니다. 순례자의 삶이 무엇인지, 소명받은 자의 마지막이 어떠해야 하는지 그분은 잊을 수 없는 초상이 되어 제 가슴에 박혔습니다.

집으로 돌아온 저는 잠을 제대로 이루지 못했습니다. 영어 한마디도 못하면서 무식한(?) 구호나 외친다며 외면했던 제게 그분은 불과 짧은 몇 년이었지만 복음의 씨앗을 뿌려 나고 자라게 하셨던 진정한 선교사이셨습니다. 국제기구에서 디렉터로 불리며 예산도 제법 집행하고 영어도 어느 정도 구사할 줄 알고 유학까지 다녀온 저는 자괴감에 휩싸였습니다.

'내가 지나간 자리에 복음의 풀 한 포기라도 자란다는 소식을 들어본 적이 있었던가?'

한없는 자책감과 회환이 밀려왔습니다.

제게 부족한 2%가 무엇인지 깊이 깨닫게 해준 사건(?)이 있었습니다. 동생의 죽음이었습니다.

당시 동생은 갓 마흔 살이었고 제수씨와의 사이에 초등학교와 유치원을 다니는 어린 자녀가 있었습니다. 한동안 방황하다가 《순전한 기독교(Mere Christianity)》(C.S. 루이스)라는 책을 접하고 하나님 품으로 돌아온 동생입니다. 예수를 영접한 감격으로 살던 동생은 채 1년 이 안 되어 폐암 말기라는 판정을 받았습니다.

하루는 동생이 있는 양평의 시골집을 찾아갔습니다. 이런저런 이 야기를 나누다가 조금이라도 힘이 되어주고 싶은 마음에 물어보았습 니다.

"상백아, 지금 제일 힘든 게 뭐야?"

한동안 힘없는 눈동자로 허공을 바라보던 동생이 말했습니다.

"형, 외롭다…."

순간 저는 그 말뜻을 이해하지 못했습니다. 24시간 가족의 보살핌 을 받고 자신을 위해 기도하는 사람들이 얼마나 많은데 외롭다고 하 나…. 그로부터 한참이 지나서야 저는 동생이 말한 외로움이 죽음 앞 에 서 있는 인간이 갖게 되는 솔직한 심경임을 깨달았습니다. 언제나 함께하시는 하나님을 믿지만, 사는 동안 한 번도 가보지 못한 길을 혼 자서 가야만 하는 사람은 외롭습니다. 주위에 아무리 많은 사람이 있 어도 함께 갈 수 없다는 사실을 절감하는 것입니다.

동생은 1년여 병마와의 힘겨운 싸움 끝에 세상을 떠나 하나님 곁 으로 갔습니다. 동생이 떠나던 날 밤, 저는 동생 곁에서 밤을 지새우 며 마지막 모습을 지켜보았습니다. 한없는 슬픔과 분노가 뒤섞인 묘 한 감정에 휩싸여 한 인생과 작별을 고했습니다. 그렇게 힘들 수가 없 었습니다. 그때를 생각하면 지금도 눈물이 납니다.

저는 아프리카에서 많은 죽음을 보았습니다. 우간다에서는 5,700여 명의 어린이들이 세계 곳곳의 후원자들이 보내는 성금과 기도에 힘입어 살아가고 있는데, 그들 중에서 매년 5~6명 정도가 사망합니다. 말라리아, 심장병, 에이즈 또는 각종 사고 때문인데, 저는 그들의 죽음에 별다른 느낌을 갖지 못했습니다. 제 책상 위에 올라오는 사망보고서에 일상 업무 처리하듯 무심하게 사인을 하는 것이 전부였습니다. 이름도 거의 기억하지 못합니다. 단 한 명, 우간다에 도착해서 처음으로 겪은 아이의 죽음과 이름만 기억합니다. 캄초라 출생의 나풀라라는 여자아이로, 아프리카인들에게서만 나타나는 유전병(sickle cell pneumonia)으로 사망했습니다. 안타까운 마음에 아이의 사진을 책상 서랍에 넣어두고 있었습니다. 그러나 그 후로 계속 사망 보고를 접하면서 어느 순간부터는 저도 모르게 죽음을 대수롭지 않게 여기게 되었습니다.

동생을 떠나보내고 나서 저는 비로소 제가 아이들의 죽음에 대해 눈물 한 방울 흘려본 적이 없다는 사실을 깨달았습니다. 심지어 그들의 장례에도 한 번 참석하지 않았습니다. 상한 갈대도 꺾지 아니하시고 꺼져가는 등불도 끄지 아니하시고 한 영혼 한 영혼을 사랑하시는 그분의 마음이 제게는 없었던 겁니다. "누구든지 내 이름으로 이런 어린아이 하나를 영접하면 곧 나를 영접함이요"(마가복음 9장 37절)라고 말씀하셨는데, 실천하지 못했습니다. 저는 동생의 죽음을 아프게 겪고 나서야 예수를 믿고도 16년 동안 깨우치지 못했던 것을 겨우 깨달았습니다. 안식년을 위해 르완다를 떠나 한국으로 오면서 다시는 르완다에 가지 않겠다고 결심했던 제가 다시 르완다로 돌아가게 된 계기도 여기에 있었습니다. 하나님이 저를 어디로 인도하시는지 알아차린 것입니다.

그로부터 얼마 후 한 친구를 만났습니다. ROTC 동기로 저와 같은 시기에 군생활을 했던 절친한 친구인데, 일찍 유명을 달리하신 어느 선배의 추모예배에 참석했다가 근처 찻집에 들러 이야기를 나누게 되었습니다. 그때 친구가 잊을 수 없는 말을 들려주었습니다.

"상훈아, 네 이야기를 듣다 보니 하나님이 선교사들의 가슴에 한 영혼씩을 파묻는 것 같아."

친구는 저를 포함해 개인적으로 후원하는 선교사가 3명이라고 했습니다. 그중 한 명은 군대 시절 그를 신앙의 길로 이끌어준 다른 소대의 동료 소대장이었습니다.

어느 여름날 오후, 소대장은 비탈진 산허리를 깎아 만든 족구장에서 소대원들과 족구를 하고 있었습니다. 그러던 중 공이 산비탈 아래 계곡으로 굴러떨어졌고 한 소대원이 공을 잡으러 내려갔다가 그만 급류에 휘말려 떠내려가기 시작했습니다. 그가 급히 뛰어갔지만 빠른 물살에 휩쓸린 소대원을 구할 수 없었습니다. 계곡을 따라 무성한

덤불을 헤치며 4, 5킬로미터쯤 내려갔을까, 소대원을 발견했지만 허사였습니다. 이미 싸늘한 몸이 되어 기슭에 밀려나와 있었던 것입니다. 자신을 보며 살려달라고 외치던 소대원의 목소리와 눈길을 잊을 수 없었던 그는 식음을 전폐한 채 하나님께 항의의 기도를 드리기 시작했습니다.

"제 소대원의 죽음에 대해 답을 주시지 않으면 저도 이렇게 죽겠습니다. 하나님, 대답을 해주세요."

목숨을 건 기도를 드리고 있던 소대장에게 어느 순간 하나님의 음성이 들려왔습니다.

"네 소대원의 죽음이 그렇게 안타까우냐?"

"예, 죽고 싶을 만큼 안타깝습니다."

"너는 떠내려가는 한 생명을 보았느냐? 나는 매일 수천 수만의 영혼이 그렇게 떠내려가는 것을 본다."

소대장은 그날 하나님이 자신에게 무엇을 말씀하시는지를 깨닫고 제대 후 인도로 가서 지끔껏 선교에 헌신하고 있습니다.

제 친구가 후원하는 또 한 사람은 저의 군대 후배로 케냐의 선교사입니다. 한번은 친구가 이 선교사를 자신이 섬기는 교회의 수요예배 설교자로 초청했는데, 설교시간에 가슴 안쪽 주머니에서 비닐봉지 하나를 꺼내더랍니다. 하얀 가루가 담긴 봉지였는데, 다름 아닌 사람의 유골에서 나온 것이었습니다.

선교사가 젊은 전도사이던 시절, 섬기던 교회의 청년부 제자였던 자매가 자신이 활동하고 있는 케냐에 단기 선교사로 와서 봉사하다가 불의의 교통사고로 사망하는 아픔을 겪었습니다. 어려운 가정환경에도 불구하고 열심히 교회에 나와 신앙을 키워가던 제자가 눈앞에서 죽었으니 그 심정이 어땠을까요? 자신을 믿고 보내주신 제자의 부모님에게 죄인이 된 느낌이었겠지요. 극심한 자책감과 괴로움에 시달린 그는 일체의 연락을 끊고 거의 1년을 두문불출 상태로 지냈습니다. 그러다가 기도와 묵상으로 간신히 마음을 다잡고 가슴에 제자의 뼛가루를 품고 다시 선교지로 향하게 되었다고 합니다.

이야기를 마친 친구가 말했습니다.

"하나님께서는 선교사들이 어떤 마음을 품고 살아가야 하는지를 그런 힘든 시간을 통해 가르치시는 것 같아."

그러면서 후원하는 선교사들의 이야기가 자신에게 큰 은혜가 되었다고 했습니다. 친구 말에 저도 큰 은혜를 받은 느낌이었습니다. 우리가 무슨 일을 하며 어떤 위치에 있든 모든 일의 궁극적인 목적은 '영혼의 구원'이라고 믿게 되었습니다.

사람은 죽음 앞에 섰을 때 누구도 함께하지 못하는 외로운 존재가 되어 구원의 소망을 부여안고 이 세상을 떠나갑니다. 이 소망을 준 분이 있기에 우리는 오늘을 두려움 없이 승리자로 살아갈 수 있습니다. 그리고 그분이 그렇게 사랑하신 한 영혼을 위해 애쓰고 기도하고 사랑하며 살아갈 용기를 얻습니다.

천국을 보다

어느 크리스마스 무렵이었던 것 같습니다. 우연히 〈메리 크리스마스〉라는 영화를 보게 되었습니다. 앞에서 잠깐 언급했지만, 이 영화를 다시 불러낸 까닭은 영화가 준 감동과 교훈이 깊고 강했기 때문입니다.

처음엔 진부해 보이는 제목을 보고 지독한 구두쇠에서 착한 독지가로 거듭나는 스크루지 영감이나 아이들에게 선물을 나누어주는 산타크로스 등이 나오는, 아니면 그런 부류의 영화가 아닐까 생각했습니다. 그런데 오산이었습니다.

2005년 개봉된 이 영화는 세계적으로 호평을 받고 아카데미 외국어영화상까지 수상했습니다. 영어와 독일어가 거의 비슷한 분량으로 나오고 상영시간이 짧은 편이지만, 단 하나의 사건에 집중하여 조명하고 결말을 맺었기에 메시지가 아주 선명합니다. 지구상에서 단 한 번 일어났던 아름다운 기적, 그렇지만 너무도 빨리 인류의 기억 속에서 잊혀져버린 그 사건을 다룹니다.

1차 세계대전 때 서유럽의 어느 전선. 한쪽 진영에는 영국군과 프 랑스군이, 다른 한쪽 진영에는 독일(제국)군이 서로 대치한 가운데 크 리스마스를 맞게 됩니다. 크리스마스 이브인 24일, 전직 오페라 가 수였던 독일군 병사가 전우들에게 찬송가를 불러줍니다. 이때 불과 100미터 정도 거리에 떨어져 있던 연합군의 참호에서 이 노래를 들 은 스코틀랜드 출신의 군목(軍牧)이 백파이프로 다른 찬송가를 연주 합니다. 찬송가 연주를 들으며 독일군 가수는 무엇에 이끌린 듯 노래 를 부르며 참호 밖으로 걸어나옵니다. 이에 놀란 독일군 장교가 뛰어 나와 말리고 있는데 영국 병사들이 참호에서 걸어나와 일제히 박수 를 칩니다. 결국 영국군과 독일군은 장교끼리 만나 휴전을 제의하게 되고, 이를 지켜보고 있던 프랑스군 장교도 동의함으로써 극적인 휴 전 합의가 이루어집니다.

영국, 독일, 프랑스 세 나라 병사들은 각자 지급받은 포도주를 마시 며 크리스마스트리를 만드는 등 다양한 놀이를 하면서 즐겁게 크리 스마스 이브의 밤을 보냅니다. 크리스마스 당일인 다음 날에도 그들 은 전장에 널린 시체들을 거두기 위해 휴전하고 작업을 마친 다음 모 두가 한데 모여 축구를 하는 가운데 웃고 떠들며 전쟁을 떠나 평화의 축제를 엽니다. 그러고 나니 애초에 적으로 만난 양쪽의 군대는 더 이상 서로에게 총을 겨눌 수 없게 되고, 다른 영국군 장군이 도착하여 발포 명령을 내리지만 병사들은 오조준을 하며 독일군을 쏘지 않습니다.

이틀 동안의 휴전은 이후 프랑스군의 서신 검열로 세상에 알려지게 되고 전장의 병사들은 반역죄로 처벌을 받습니다. 영국군은 해체되고, 프랑스군은 당시 가장 싸움이 치열하던 베르덩전선으로 보내지고, 독일군은 열세를 면치 못하던 러시아전선행 열차에 실려 떠나갑니다.

영화가 끝나면서 병사들이 다같이 불렀던 스코틀랜드 민요가 흘러나옵니다. '난 고향을 꿈꾼다네(I'm dreaming of home)'. 영국 병사들이 가르쳐준 이 아름다운 노래를 하모니카를 빼앗긴 독일 병사가 문이 닫힌 어두운 열차칸 안에서 휘파람으로 부릅니다. 다른 독일 병사들도 노래를 따라 부르며 죽음의 전선을 향해 갑니다. 폭력 대신 평화를 선택했기에 가혹한 죽음의 길로 내몰린 병사들이 돌아갈 수 없는 고향을 그리며 부르는 그 애절한 노랫가락이 가슴을 울립니다.

영화를 보면서 눈물이 났습니다. 울면서도 왜 우는지 이유를 몰랐습니다. 그때 제 머릿속에 떠오른 단어가 있었습니다. '실락원(Paradise Lost)'. 우리 인간이 잃어버린 그 천국이 무엇이었는지 저는 그때 분명히 깨달았습니다.

짧지만 아름다운 휴전을 통해 전쟁터의 병사들이 보여준 모습은 우리가 잃어버린 바로 그 천국이었습니다. 병사들은 참혹한 상황에서도 인간성을 회복할 수 있다는 사실을 증거해주었습니다. 그 가능성으로부터 우리가 얼마나 멀리 왔는지 알 수 없지만, 저는 병사들처럼 우리도 인간 고유의 본성을 되찾아 인간다운 인간으로 살아가는 날이 오기를 소망합니다. 총을 들지 않겠다는 사람이 있으면 그의 의사를 존중할 수 있는 사회가 되었으면 합니다. 모든 분노와 비극에도 불구하고 사람이 사람을 죽이는 제도는 없어져야 한다고 생각합니다. 그런 세상을 위해 우리 모두가 어떻게라도 한발 앞으로 나아가야 합니다.

전쟁과 평화를 떠나 사람이 사람을 죽이는 일은 결코 쉽지 않습니다. 살인은 사람이 본연의 모습을 잃고 크게 망가져 일어나는 일입니다. 사람이 아닌 물건으로 보지 않는 한 누구도 다른 사람의 몸에 칼을 꽂거나 총을 쏘지 못합니다. 전투를 치르는 군인들조차 초기에는 총을 쏘아 적을 죽이는 일에 혐오감을 가지고 전투를 거부하는 현상이 벌어진다고 합니다. 그러다가 점차 옆의 전우들이 죽어가는 것을 보고는 분노가 치달아 죽음을 무릅쓰고 앞으로 달려 나가게 됩니다.

육군 소대장으로 재직하던 시절, 저는 소대원들에게 총검술, 사격, 폭발물 등을 가르치면서 국방의 의무를 다한다는 자부심을 가지고 있었습니다. 하지만 마음 한구석으로는 북한 동포들에게 이런 기술을 사용할 기회가 오지 않기를 바랐습니다. 이제는 북한이 아니라 세계 어느 나라 사람에게도 죽음의 기술을 사용하지 못할 것 같습니다. 천국의 회복을 위해서라도 절대 그럴 수 없을 것 같습니다. 휴전 이후 서로 총을 겨눌 수 없었던 그 이름 없는 병사들의 애틋한 마음이 저에게도 메아리쳐 오는 것 같습니다.

영화에서 가장 인상적인 부분은 백파이프를 연주한 스코틀랜드 군목이 고국으로 송환되는 장면입니다. 아군과 적군, 신자와 비신자의 구분이 없는 가장 아름다운 예배를 집전했음에도 불구하고, 그는 목에서 십자가 목걸이를 빼서 입을 맞춘 후 나뭇가지에 걸어놓고 눈보라가 몰아치는 바깥으로 걸어 나갑니다.

"저는 믿음을 잃고 고통받는 사람들과 함께 있겠습니다."

자신을 나무라는 주교에게 항의하며 한 말입니다. 가슴이 미어지는 것 같았습니다. 저는 제가 어디에 있어야 하는가라는 물음에 이 말만큼 선명한 응답을 듣지 못했습니다. 그와 같은 존재가 된다면 얼마나 좋을까요?

눈이 차갑게 내리는 1914년 12월 24일, 서유럽의 한 전장에서 불꽃처럼 타오른 인간애로 우리 인류에게 인간성 회복의 영원한 가능성을 몸으로 실천한 병사들에게 감사와 존경을 보냅니다. 당신에게도 하나님의 사랑과 평화가 언제나 함께하기를 축원합니다

나와 세상을
아름답게 바꾸는 두 글자

"상훈아, 내가 궁금한 건 너의 행동이 종교적 심성에서 비롯된 것인지, 아니면 어떤 계기가 있어서 '나를 넘어선 나'로 살고 싶어서인지…."

한 친구로부터 받은 질문입니다. 저는 그 질문에 아래와 같은 답장을 보냈습니다.

네 질문이 '왜?'라는 말로 귀결되는구나. 그런데 왜라는 질문은 답하기 어려운 경우가 많아 궁해지고 졸해져서 자연히 말이 길어지게 마련인데 되도록 짧게 답해볼게.

많은 사람들로부터 내 삶이 일상적인 궤도에서 많이 벗어나 보인다는 말을 자주 듣는다. 네 질문 속에도 '나를 넘어선 나'라는 표현이 있는데, 내가 도리어 되물어보고 싶은 말이 있어.

'과연 내 안에 나 자신이 신뢰할 만한 선하고 진실한 자아가 있는가?'

있다고 말한다면 너는 너 자신과 실존적 인간에 대한 신뢰와 애정을 갖고 있다고 볼 수 있어. 없다고 말한다면 자신 밖의 다른 어떤 것에서 답을 구하러 나서야 할 거고.

나는 '인간이 만물의 척도'라고 한 소피스트들처럼 인간에 대한 신뢰와 참다운 존재로서의 가능성을 굳게 믿었던 적이 있었어. 그런데 언젠가부터 남들을 사랑해보려고 하면 할수록 고슴도치처럼 튀어나오는 못난 자아가 남들을 더 피곤하게 하고 심지어 나 스스로도 버겁게 만드는 거야. 그래서 무관심해지려고 하면 삶은 조금 편해지는데 공허함이 밀려오고. 결국 나는 내 속에 진실한 자아가 없다는 결론에 이르게 되었지.

'그러면 어디서 어떻게 참이라는 것, 진실하다는 것, 그리고 진리라고 할 만한 것을 찾을 수 있을까?'

자연히 나는 두 번째 질문으로 옮겨가게 되었다. 여기에 조지훈의 시 '승무' 일부를 옮긴다.

까만 눈동자 살포시 들어

먼 하늘 한 개 별빛에 모두오고

뺨 위에 눈물을 두고 먼 하늘의 별을 바라보는 사람의 마음이 어떨까? 하루 종일 세상일에 시달리다가 늦은 밤 홀로 앉아 누구도 답을 주지 않는 질문을 놓고 그 답답함과 목마름에 눈물 흘려본 사람이라…. 그런데 번뇌가 별빛이라니, 번뇌는 곧 마음의 고통인데 그것이 희망을 말하는 별빛이라니…. 얼른 와닿지 않는다. 그럼에도 불구하고 우리는 염원한다. 끝나지 않을 것 같은 고통 속에서도 그 고통이 우리를 영원으로 이어주기를. 다시 말해서 지금 안고 있는 번뇌를 초탈하여 끝내 가닿고 싶은 그곳을 향한 희망을 부여잡고자 한다. 세사에 시달려도 번뇌는 별빛이라. 고통 속에서 영원을 지향하는 희망을 이보다 짧고 아름답게 표현할 수 있을까?

나는 나를 이끌어줄 그 별빛을 찾고 싶었다. 《논어》에 '생사유명 부귀재천(死生有命 富貴在天)'이라고 했다. 죽고 사는 것은 운명이요, 부유함과 귀함은 하늘에 달려 있다는 말인데, 그렇다면 도대체 내가 결정할 수 있는 중요한 일은 무엇일까? 또 '인지소귀자 비양귀야(人之所貴者 非良貴也)'라고 인간이 소중히 여기는 가치들은 정말로 소중한 것이 아니라고 하는데, 그러면 뭐가 소중한 것일까? 소중해 보이는 것이 실상은 소중한 게 아니라면, 무시할 만큼 사소해 보이는 것들 속에서 인생의 정수라 할 무엇을 찾을 수 있을까? 나의 고통을 설명해주고 인생의 의미를 회복시켜줄 그런 것이 있을까? 내게는 그것이 절실했다. 그래서 여러 곳을 기웃거리는 방랑자로 살다가 《성경》을 읽게 되었고, 나라는 존재는 나를 창조하신 하나님과의 관계를 회복할 때 비로소 의미를 찾게 되고 하나님의 뜻에 따라 사는 것이 내 삶의 별빛이라는 믿음을 갖게 되었지.

예수 그리스도가 우리 인간에게 부탁한 2가지가 있어. 하나는 창조주이신 하나님을 진심으로 사랑하라는 것과, 우리 이웃을 너 자신처럼 사랑하라는 거야. 그렇게 살아야 진정한 삶의 의미와 목적을 찾게 된다는 거지. 사랑하며 살라는 이야기지.

사랑해본 사람은 알아. 사랑을 함으로써 자신의 마음이 아름다워지고 사랑을 받는 사람도 귀한 존재로 변하게 된다는 것을. 사랑하는 그 마음만큼 이 세상을 살 만한 곳으로 만드는 것도 없어. 자신의 삶을 귀하고 아름답게 꾸며가는 마음, 더불어 사는 사람들을 안아가며 살아가는 마음, 생명을 주신 절대자에게 경의와 사랑을 표현하는 마음… 그것이 모두를 숭고하고 아름답게 만들지.

가까운 예로 우리 동기들을 봐. 석헌, 연진, 고도 등등. 동기들에 대한 사랑을 가장 많이 표현한 그들이 본인 또한 가장 풍요한 삶을 누리고 있지 않니? 그래서 받는 자보다 주는 자가 행복하다고 말하는 거겠지. 그뿐이 아니야. 우리가 이렇게 모여 서로의 생각과 마음을 나누는 것도 소중한 사랑의 표현이라고 생각해. 그러면서 우리는 함께 성숙해지는 거지. 우간다의 아이들에게 염소를 사서 주자고 했을 때 동기들이 보여준 성의에서도 큰 사랑의 힘을 느꼈어. 생각지 않았던 동기들까지 돈을 보내오고. 그렇게 나눔으로써 얼마나 우리의 마음이 푸근해졌는지…. 그게 다 우리들 마음속에 깃든 사랑의 발현이야.

이렇게 말하는 나도 원하는 것을 챙기면 일순간 흐뭇해져. 이기적 본성이지. 그런데 거기서 끝이야. 대부분은 내가 나누고 뿌린 사랑의 씨앗이 훗날 맺게 될 열매를 생각하며 보내. 설사 열매를 보지 못한다 해도 계속해서 실천하면 어느덧 그들뿐 아니라 나도 행복해진다고 믿어. 누군가는 비합리적이고 비현실적이라고 생각할 수도 있지만, 그럼에도 나는 사랑하는 마음이 나를 더욱 인간답게 살 수 있게 해주고 내 삶을 더욱 의미 있고 충실하게 가꾸어준다는 걸 알아. 사랑하면 다 알게 되는 일인데 내가 말이 많았다.

이상이 내 삶의 동기이고 '나를 뛰어넘은 나'의 실체야.

친구는 저의 답변에 전부는 아니지만 저를 이해하게 되었다며 기쁨과 감사의 회신을 보내왔습니다.

저는 사랑이 종교나 철학의 울타리 안에 머물지 않는다고 생각합니다. 의미와 진리를 추구하며 세상 속에서 부단히 노력하고 실천하는 가운데 드러난다고 믿습니다. 그러는 가운데 사랑은 믿음으로 승

화됩니다.

'살며 사랑하며 배우며….'

우리가 걸어야 할 희망의 길입니다.

'진정한 어른'을
기다리며

세상에서 보편적으로 받아들여지는 '상식 같은 편견'이 있습니다. '경제적으로 윤택해지면 다른 모든 분야도 함께 윤택해진다'는 것입니다. 이와 같은 편견이 널리 퍼진 데는 분명 우리 대한민국이 한몫했을 것입니다. GDP가 60달러도 안 되던 세계 최빈국에서 반세기 만에 세계 10위의 경제대국으로 올라서며 기적 같은 성장을 이루어내면서 대한민국이 마치 성장의 모범답안인 것처럼 떠받들어지고, 모든 것이 그에 따라 해석되고 정의되는 현상이 만연하게 되었습니다. 특히 아프리카에서는 그와 같은 현상이 두드러지게 나타납니다.

경제적으로 낙후된 대륙 아프리카에서 살다 보면 '경제가 모든 문제를 해결해준다'는 편견이 상식처럼 통용되는 모습을 어렵지 않게 확인할 수 있습니다. 저로서는 혼란스러울 수밖에 없지요. 우리에게는 편견이 그들에게는 상식이 되고, 그들의 상식이 우리에게는 편견이 되니까 말이지요. 경제에 대한 인식만 그런 게 아닙니다. 정치와 사회를 비롯하여 다른 분야에서도 유사한 패턴이 존재합니다. 저쪽에서 일어난 일이 이쪽에서도 똑같이 일어날 수 있다고 보는 것입니다. 실로 그것은 아무런 논리적 근거가 없는 근자감(근거 없는 자신감)에 다름 아닌데도 그들은 무비판적으로 대한민국을 본받고자 애를 쓰는 것 같습니다. 특히 정치가 그렇습니다.

아프리카 정치 지도자들을 보면서 과거 우리나라의 박정희 대통령과 닮아도 참 많이 닮았다는 생각을 하게 됩니다. 우간다의 요웨리 무세베니(Yoweri Museveni) 대통령은 한국의 정치사를 따로 공부했는지 장갑차를 수도 한가운데 배치하고 3선개헌을 밀어붙이더니 그것도 모자라 또다시 개헌을 강행하여 영구집권이 가능하도록 만들었습니다. 1986년 대통령에 취임한 그는 현재까지 30년 넘게 권력을 장악하고 있습니다. 그런가 하면 르완다의 폴 카가메 대통령은 2000년 취임 후 2017년 개헌을 통해 최장 17년을 더 집권할 수 있는 길을 열었습니다. 경제개발의 대의명분을 위해 멸사봉공하겠다는데, 결국은 권력을 놓지 않겠다는 겁니다.

으레 그렇듯 장기집권하는 그들은 한결같이 사명감으로 가득찬 대국민호소문을 전가의 보도처럼 이용합니다. 불안한 국제 정세와 분열된 국내 세력의 통합을 위해서는 증명된 안정적 리더십이 필요하다고 역설하지요. 군사독재 시절, 우리도 많이 들었던 말입니다. 그들의 종말이 어떠할지 궁금하지만 한국의 비극을 재현하지 않기를 바랄 뿐입니다.

이런 아프리카에서도 훌륭한 리더십을 갖춘 분들이 가뭄에 콩 나듯 출현합니다. 남아프리카공화국의 넬슨 만델라(Nelson Mandela) 대통령, 탄자니아의 줄리어스 니에레레(Julius Nyerere) 대통령 같은 분들입니다. 그들은 오랜 기간 탄압을 당했음에도 불구하고 갈등과 보복의 길로 들어가기를 단호히 거부하고 고통을 준 사람들에게 먼저 화해의 악수를 청했습니다. 그들의 관심은 어두웠던 과거가 아니라 열어야 할 밝은 미래에 있었기 때문이지요. 선지자와 통치자의 풍모를 다 갖춘 그들은 권력의 자리에서 내려올 때도 아름다웠습니다. 자신의 후배들에게 모든 것을 넘겨주고 홀연히 그 자리를 떠났습니다. 자신을 던지고 더 큰 자아를 이루고자 하는 진정성을 몸소 실천한 것입니다.

니에레레 탄자니아 대통령의 이야기를 좀 더 해볼까요? 탄자니아는 동부 아프리카의 인도양 해안에 위치한, 남한 면적의 10배가 넘는 나라입니다. 이 나라에서 국부로 추앙받는 인물이 바로 줄리어스 니에레레입니다. 독립운동가로 활약한 그는 1961년 탄자니아가 영국으로부터 독립하는 데 지대한 역할을 하고 초대 총리를 거쳐 초대 대통령에 취임합니다. 취임 후 '자유와 통일(Hhuru na Umoja)' 정책을 내걸고 갈라진 사람들을 통합하는 데 주력했습니다. 스와힐리어를 공용어로 지정하고, 자신도 타 부족의 여인과 결혼했을 뿐 아니라 각 부족의 어린 학생들을 뽑아 다른 부족의 학교에서 공부하도록 했습니다. 평화의 기반은 상호 이해와 존중에서 출발하며, 이는 편견과 선입관에서 벗어난 자유로운 사람들만이 이룰 수 있다는 것을 깊이 이해한 분입니다. 온화한 성품의 그는 서구적 가치를 수용하면서 아프리카는 물론 서구에서도 높은 평가를 받았습니다. 그가 한 말입니다.

"나는 완고한 유럽인들의 행동을 관찰함으로써 어떻게 중용의 길을 갈 수 있는지를 배웠다."

차별과 착취의 시대를 살면서 타산지석으로 중용을 배웠다고 하는 말이 옷깃을 여미게 합니다. 니에레레는 20년간 집권하면서 가난한 탄자니아를 가장 평화로운 나라로 만드는 기틀을 구축하고, 아프리카단결기구(OAU)를 이끌며 아프리카 곳곳의 분쟁을 조정하는 데도 큰 수완을 발휘했습니다. 외교적으로는 영국과 유럽을 멀리하고 중국과의 관계를 강화하면서 남한보다 북한과 가깝게 지냈기에 우리에게는 다소 생소한 인물이 되었습니다. 사회주의적 자급자족 국가를 건설한다는 방침하에 집단농장공동체 정책을 펴면서 경제적으로 실패했다는 소리를 듣기도 하지만, 그럼에도 불구하고 그는 아프리카의 희망, 존엄성, 성공의 상징으로 불립니다. 탄자니아 국민들은 물론 아프리카 사람들도 그를 '진정한 어른'으로 모시기에 주저하지 않습니다.

아프리카에서 진정한 어른은 다양한 부족들 간 갈등을 치유하고 하나의 깃발 아래 기꺼이 모일 수 있게 포용하고 설득하는 화합의 어른을 말합니다. 아프리카는 1,000개가 넘는 언어와 그보다 훨씬 많은 부족들이 살아가는 지역으로, 탄자니아 한 나라에만 120여 개 이상의 언어와 부족이 있습니다. 유럽의 식민지 수탈에서 벗어난 후 인위적으로 그어진 국경선에 갇혀 54개 국가로 쪼개지고, 부족과 언어, 종교, 계급, 문화, 정치적 견해 등이 제각각인 아프리카에서 경계선마다 켜져 있는 빨간불을 초월하여 화합의 초석을 다진 어른이 니에레레이니 아프리카의 희망으로 존경을 받기에 충분하지 않을까요?

아프리카에 사는 재외 한국인으로 조국 대한민국을 바라봅니다. 우리는 언제쯤 그들처럼 하나가 될까요? 우리가 한마음으로 진정한 어른을 추앙하게 될 날이 올까요? 그때가 언제일지는 알 수 없지만 그날이 오리라 믿으며 전 지구의 평화와 번영을 위해 오늘도 구원의 기도를 올립니다.

공부를 위해 미국으로 출발하기 전의 일입니다. 한 친구가 불러 나가게 된 모임에서 공부가 끝나면 무엇을 할 생각이냐고 묻기에 다시 아프리카 현장으로 돌아가 일을 계속할 거라고 하니 이런 말을 하는 친구가 있었습니다.

"그렇지! 그런데 자기 자신을 위해 공부하러가는 건데 우리가 도와줄 필요가 있을까?"

그제야 저는 친구들 사이에서 저의 유학길을 도와주려는 논의가 있었다는 사실을 알게 되었습니다. 고마웠지만 한편으로 가슴이 아팠습니다. 동기들 사이에서 자신만을 위해 살아가는 사람으로 비쳐지고 있다는 사실이 예전의 기억을 다시 불러와 낙담하게 했습니다. 저에게서 그런 이미지를 읽어내는 사람이 있다는 것이 불편했습니다. 머리로는 충분히 있을 수 있는 일이라 생각하면서도 마음은 그렇지 않았던 것입니다.

인간은 누구나 이기적 본성을 가지고 있고, 저마다의 프레임으로 세상과 사람을 바라봅니다. 그 힘으로 개인이 생존하고 사회가 유지되는 것도 사실입니다. 저도 저의 뜻과 소망에 따라 오늘을 살고 있다는 점에서 이기적 존재임을 부인할 수 없습니다. 그와 같은 존재의 본질에서 자유로울 수 없는 우리가 기쁨과 감사의 순간을 맞이하게 될 때가 있습니다. 누군가의 '선물'입니다.

유학을 위해 TOEFL과 GRE를 공부하던 시절, 수입이 마땅치 않아 번역일로 간신히 입에 풀칠을 하고 있을 때 가까운 친구에게서 반가운(?) 연락이 왔습니다. 어쩌다 돈벼락을 맞았다며 돈을 보내주겠다는 것이었습니다. 학창 시절에 함께 먹고 잤던 하숙집 룸메이트였는데 공부에만 전념하라며 제법 많은 돈을 빌려주었습니다. 몹시 형편이 궁했던 저에게는 사막에서 오아시스를 만난 격으로 힘겨운 유학생활에 큰 힘이 되었습니다. 이후 저는 한국에 들어갈 기회가 있을 때마다 그를 찾아가 조금씩 돈을 갚아나갔습니다. 나중에 다 갚고 나니까 그 친구가 그러더군요. 빌려준다고는 했지만 돌려받을 생각은 없었고 그냥 지켜보고 싶었다고. 돈이 아니라 사람을 보고 있었던 거죠. 그의 깊은 배려는 제가 의타심에서 벗어나는 데 좋은 공부가 되었습니다.

지금도 저는 한국의 몇몇 교회와 다수의 개인 후원자들로부터 도움을 받아 생활을 해나가고 있습니다. 넉넉하지는 않지만 결코 부족하지도 않습니다. FHI 현장 책임자들 중에서 후원금으로 생활비를 해결하는 사람은 저와 캄보디아의 디렉터 존 터기 2명입니다. 한 나라의 책임자 정도면 현장에서는 최고의 지위이고 고액의 보수를 받지만 터기와 저는 보수를 바라고 하는 일이 아니라는 나름의 고집을 가지고 있습니다. 일의 동기가 돈이 아니라는 것을 보이고 싶은 고집 말입니다. 국제단체의 일원으로, 한 국가의 책임자로 받는 월급은 따로 없지만 저는 저의 삶에 자부심을 느낍니다. 제가 이렇게 함으로써 더 많은 사람이 이 일에 참여할 수 있는 기회를 열어준다는 생각도 합니다.

저는 스스로 행복하고 건강한 삶을 유지해왔다고 믿습니다. 지갑은 늘 얇은 채였지만 꾸준히 한길을 걸어왔습니다. 바르고 예쁜 아이들의 아빠로, 한결같은 마음으로 살아가는 여인의 남편으로, 유엔과 NGO가 경쟁하는 속에서 한 선교단체의 책임자로, 자긍심 강한 한국인으로.

한국에 돌아오면 종종 찾아뵙는 분이 있습니다. 학창 시절 은사님이신 이신행 교수님입니다. 하루는 밥을 사주시면서 그러시더군요.

"자네만큼 인생을 풍요롭게 사는 사람도 드물 거야."

"무슨 말씀이세요? 중년의 나이가 돼서도 밥 한 끼 제대로 대접하지 못하는 제자한테….”

“자네, 정말 내가 하는 말뜻을 몰라서 그러나?”

교수님과 저는 누가 먼저랄 것도 없이 크게 웃었습니다. 그리고 교수님은 칼국수를, 저는 된장찌개를 먹었습니다.

대학원 졸업식 때 전체 대학원생의 대표로 뽑혔습니다. 잘나서가 아니었습니다. 학점을 겨우 채워 졸업했으니 성적은 우수한 편이 아니었고, 학내 활동도 그리 활발한 편이 아니었습니다. 학장님이 그러시더군요. 화재사고로 한국 학생 한 명이 죽고 한 명이 크게 다쳤을 때 제가 성심껏 맡아서 처리했고, 어려운 가운데서도 포기하지 않고 가족을 돌보는 모습이 보기에 좋았다고. 그때 옆에 계시던 리사 앤더슨 대학원장님이 한마디 거들었습니다.

“너는 우리를 풍요하게 했다(You enriched us).”

그때는 그 말씀을 대수롭지 않게 생각했던 것 같습니다. 졸업생 대표로 가운을 입고 녹색 휘장을 어깨에 두른, 누군가를 대신한 감투를 쓴 사람에게 그냥 건네는 인사말 정도로 받아들였습니다. 그런데 한국에 와서 찾아뵌 이신행 교수님도 비슷한 말씀을 하시는 겁니다. 정말로 부자가 된 느낌이었습니다.

《성경》 ‘고린도후서(6장 10절)’에 이런 말씀이 있습니다.

“근심하는 자 같으나 항상 기뻐하고 가난한 자 같으나 많은 사람을 풍요하게 하고 아무것도 없는 자 같으나 모든 것을 가진 자로다.”

저는 지금까지 이 말씀에 충실한 일꾼의 모습으로 살아오려고 노력했습니다. 그에 감사할 뿐 더 이상 바라는 것이 없습니다. 앞으로도 그런 모습으로 살아가기를 원합니다. 제가 만약 언젠가 일꾼의 길을 포기한다면 그것은 후원이 부족하여 버티지 못해서가 아니라 초심을 버렸기 때문일 겁니다. 제 삶의 의미도 그와 함께 사라질 것입니다.

'Pana nia pena njia(파나 니아 페나 은지아)'

스와힐리어로 '뜻이 있는 곳에 길이 있다'는 말입니다. 제가 여기까지 올 수 있었던 것은 저의 존재 목적에 맞게 살아간다는 믿음과 인내 덕분이었습니다. 뜻이 저의 인생길을 인도해주었습니다. 저처럼 누군가의 현재 모습 또한 과거의 어느 시점에선가 자신이 꿈꾸고 바라던 것의 실상이고 증거일 것입니다.

존재는 존재의 목적에 충실할 때 가장 진실하고 의미 있는 존재가 되는 것 같습니다. 저는 항상 이를 염두에 두고 기도합니다.《성경》속 예수님을 통해 저의 모습을 보고 그에 따라 아프리카로 떠났듯이 저의 존재 목적을 상기하며 하나님의 뜻대로 살고자 노력합니다.

뜻을 가지고 길을 걷다 보면 뜻밖의 행운을 만나게 됩니다. 바로 동반자입니다. 저는 그 길 위에서 같은 뜻을 품은 여인을 만나 결혼했습니다. 아내는 검소한 삶을 기꺼이 받아들여주었고, 때로 눈물 쏟고 쓰라린 일도 많았지만 우리는 포기하지 않고 함께 걸어왔습니다.

'뜻이 있는 곳에 길이 있고 길이 있는 곳에 동반자가 있다.'

제가 좋아하는 말입니다. 아니, 제가 동반자를 덧붙여 만든 말입니다. 저는 가고자 하는 길이 언제나 열려 있음을 보았습니다. 누구도 가보지 않았다고 해서 길을 나서지 않을 수는 없었습니다. 알고 보면 그것은 그동안 살아오면서 제가 가는 길에 나타나 함께해준 사람, 동반자가 있었기에 가능했습니다. 아내를 비롯한 '나의 동반자'들에게 감사할 따름입니다.

제 삶이 많은 사람들에게 꿈꾸어야 하는 이유가 되고 투지를 불태워야 하는 증거가 되었으면 좋겠습니다. 세상의 많은 사람들을 가슴에 품고 살아가는 것이 무엇인지에 대한 성실한 증거가 될 수 있다면, 한 번 품은 뜻을 따라 평생을 살아간 사람이라는 비명을 남길 수 있다면, 그리고 아프리카에서 태어나고 자란 딸과 아들에게 믿음을 따라 충실히 살았던 아버지로 기억될 수 있다면, 저는 충분히 의미 있는 삶을 살았다고 할 수 있을 것입니다.

딸 진희에게서 전화가 왔습니다.

"아빠 eternity가 뭐야?"

"영원이라는 뜻이야."

"영원이 뭐야?"

“왜 그러는데?”

“아빠, 숙제하는 중인데 eternity를 넣어 문장을 만들어야 해.”

“God wants us to live in eternity.”(하나님은 우리가 영원을 살기

  를 원하신다)

“고마워, 아빠.”

저는 아프리카에서 인생의 마지막 순간을 맞을지도 모릅니다. 하
지만 하나님이 허락하신 그 영원을 살아보려고 합니다.

I may die in Africa, but I would live in eternity.